Equilibra vida y trabajo Fijar límites y prioridades

PROFIT
editorial

Profit Editorial, sello editorial de referencia en libros de empresa y management. Con más de 400 títulos en catálogo, ofrece respuestas y soluciones en las temáticas:

- Management, liderazgo y emprendeduría.
- Contabilidad, control y finanzas.
- Bolsa y mercados.
- Recursos humanos, formación y coaching.
- Marketing y ventas.
- Comunicación, relaciones públicas y habilidades directivas.
- Producción y operaciones.

E-books:
Todos los títulos disponibles en formato digital están en todas las plataformas del mundo de distribución de e-books.

Manténgase informado:
Únase al grupo de personas interesadas en recibir, de forma totalmente gratuita, información periódica, newsletters de nuestras publicaciones y novedades a través del QR:

Dónde seguirnos:

 | @profiteditorial

   | Profit Editorial

Ejemplares de evaluación:
Nuestros títulos están disponibles para su evaluación por parte de docentes. Aceptamos solicitudes de evaluación de cualquier docente, siempre que esté registrado en nuestra base de datos como tal y con actividad docente regular. Usted puede registrarse como docente a través del QR:

Nuestro servicio de atención al cliente:
Teléfono: **+34 934 109 793**
E-mail: **info@profiteditorial.com**

HARVARD
BUSINESS
REVIEW

*Impulsa
tu
carrera
profesional*

Equilibra
vida y trabajo
Fijar límites
y prioridades

HARVARD
WORK
SMART

Todas las publicaciones de Profit están disponibles para realizar ediciones personalizadas por parte de empresas e instituciones en condiciones especiales.

Para más información, por favor, contactar con: info@profiteditorial.com

Título original: *Boundaries, Priorities, and Finding Work-Life Balance.*

Original work copyright © 2024 Harvard Business School Publishing Corporation.

Publicado por acuerdo con Harvard Business Review Press.

© Profit Editorial I., S.L. 2025

Diseño de cubierta: XicArt
Maquetación: Montserrat Minguell

ISBN: 978-84-10235-55-7
Depósito legal: B 7375-2025
Primera edición: Septiembre de 2025

Impresión: Gráficas Rey
Impreso en España / *Printed in Spain*

Harvard Work Smart Series

Crece más rápido con lecturas rápidas, historias reales y consejos de expertos.

La colección Work Smart de Harvard aborda los temas más importantes al inicio de tu carrera profesional: cómo ser tú mismo con tus compañeros y jefes, cómo sopesar las decisiones laborales o cómo fomentar relaciones laborales más constructivas, entre otros. Cada título incluye resúmenes de los capítulos, enlaces a vídeos, audios y mucho más. Los libros de esta colección de Harvard te ayudarán a dar un paso adelante en tu vida profesional y avanzar con confianza hacia el éxito.

ÍNDICE

Sección 4

Hacer que tu lista de tareas trabaje para ti

Sección 5

Cuidar de la salud mental y física

Encontrar el equilibrio

Comprometerse a mejorar el futuro del trabajo

por Russell Glass, CEO de Headspace

L ímites. Prioridades. Equilibrio. Si me hubieran dicho estas tres palabras cuando empecé a trabajar, no habría sabido de qué me estaban hablando. Desde que tenía unos 13 años, me ha impulsado la magia del espíritu emprendedor y la capacidad de resolver problemas mientras he creado empresas. Durante los seis primeros años de mi carrera, navegué por el mundo laboral y el de las *startups* sin pensar en mis límites, en el equilibrio entre la vida laboral y personal o en la salud mental en general. Trabajaba hasta después de medianoche, pensaba en el trabajo mientras maldormía y me despertaba temprano para volver a la carga. Cuando la primera *startup* que creé, una prometedora empresa centrada en el desarrollo de aplicaciones para móviles, empezó a fracasar al estallar la burbuja de las puntocom, me obcequé en la falsa idea de que trabajar más era la solución.

Tras esa derrota, pasé los dieciocho meses siguientes analizando qué había fallado. Me di cuenta de que gran parte del problema era la falta de una cultura empresarial y unos valores adecuados en el lugar de trabajo, así como un enfoque insostenible que yo había adoptado como líder y, por tanto, como modelo para toda la organización. Decidí que mi próxima empresa sería diferente: trabajaríamos duro, pero nos guiaríamos por los valores y principios adecuados. Este enfoque apoyaba un modelo de trabajo que era a la vez sostenible y exitoso, y me sentí en equilibrio durante los seis años que hicimos crecer la empresa a través de altibajos y, a la postre, de un considerable crecimiento.

Avancemos hasta 2014. Mi mujer y yo dábamos la bienvenida al mundo a nuestro tercer hijo. Yo acababa de vender la empresa a LinkedIn, un logro increíble que nos cambió la vida a mí y a mi equipo. En todos los sentidos, había tenido éxito. Sin embargo, como nuevo empleado en una empresa mucho mayor, empecé a sufrir estrés y ansiedad en el trabajo. No dormía bien y, de repente, las pequeñas cosas me resultaban irritantes. Un pequeño comentario en una reunión podía desencadenar una respuesta física en mí: opresión en el pecho, respiración acelerada y visión de túnel. Me quedaba atrapado en modo reactivo, intentando resolver los problemas lo más rápido posible; más tarde miraba atrás y me arrepentía de la decisión que había tomado. Mientras lideraba un equipo dentro de una empresa veinte veces mayor que la *startup* que había creado, sentía un inmenso vacío. Necesitaba encontrar la manera de volver a ser yo mismo, tanto en casa como en el trabajo. Decidí empezar a practicar la atención plena y la meditación, y eso marcó una gran diferencia.

Comparto esto porque es importante darse cuenta de que sentimientos y experiencias como los míos no son tan extraños. Son increíblemente comunes, una perspectiva compartida por decenas de profesionales a lo largo de este libro. Los estudios demuestran que casi el 90 % de los empleados han sentido estrés de moderado a extremo en los últimos doce meses (febrero de 2022-febrero de 2023).[1] Si nos fijamos en la nueva generación que se incorpora al mercado laboral, las cifras son aún más alarmantes. Casi el 40 % de los trabajadores de la generación Z declararon estrés extremo —o estrés diario— durante el mismo período de tiempo.

La buena noticia es que estamos avanzando en la resolución de estos problemas. Como sociedad, hablamos más de salud mental, prioridades y equilibrio en todos los aspectos de la vida, incluido el trabajo. En la misma investigación, el 91 % de los CEO y el 89 % de los empleados coinciden en que su empresa apoya suficientemente la salud mental, frente al 94 y el 67 %, respectivamente, del año anterior. Colectivamente, hemos reducido el estigma que rodea a las enfermedades mentales graves, además de normalizar la conversación en torno al autocuidado y el bienestar mental. *Límites* y *agotamiento* son ahora términos comunes tanto dentro como fuera del lugar de trabajo. Las empresas están reforzando la formación y los recursos en torno a estos temas, además de invertir en distintos métodos de autocuidado y mejores opciones de atención a la salud mental para sus empleados. Es lo que los trabajadores esperan en la actualidad de sus organizaciones. Aún queda mucho camino por recorrer, pero los avances son alentadores.

Como describen las profesoras Ioana Lupu y Mayra Ruiz-Castro en el capítulo 1 de este libro, a menudo hace falta un acontecimiento vital importante para que los profesionales den un paso atrás y reflexionen sobre su salud mental y su bienestar. En mi caso, fueron un par de cambios drásticos en mi carrera y el nacimiento de un hijo, pero ojalá hubiera sido consciente de la importancia de los límites, las prioridades y el equilibrio mucho antes.

Este libro es un gran recurso para cualquier persona, independientemente de la etapa profesional en la que se encuentre, pero especialmente para los que acaban de empezar. Las páginas que siguen están repletas de consejos de facultativos, líderes empresariales, investigadores y expertos de renombre mundial, muchos de los cuales han dedicado su carrera a mejorar el entorno laboral. Sus consejos abarcan desde estrategias fáciles de aplicar hasta preguntas orientadas a la reflexión para ayudar a que afloren determinadas respuestas. Se trata de una guía a la que podrás acudir una y otra vez para aprender a establecer mejores límites entre el trabajo y la vida personal, dar prioridad a la salud mental y física, combatir el agotamiento y abordar tus listas de tareas pendientes de forma adecuada y productiva.

A nuestra futura generación de líderes se les presenta una gran oportunidad —y, en mi opinión, una responsabilidad— no solo de desarrollar estas habilidades críticas para ellos mismos, sino también para los futuros equipos y organizaciones que dirigirán. En un momento en que la crisis mundial de salud mental no muestra signos de ralentizarse, todos debemos comprometernos a mejorar el futuro del trabajo. Nuestra salud y nuestro sustento dependen de ello.

Sección 1

Encontrar el equilibrio

El equilibrio entre vida personal y profesional es un ciclo, no un logro

Reevalúa constantemente tus sentimientos y prioridades

por Ioana Lupu y Mayra Ruiz-Castro

A pesar de la rotunda evidencia de que trabajar largas horas puede ser perjudicial tanto para los empleados como para las empresas, muchos profesionales siguen luchando por enfrentarse a sus suposiciones —y sus hábitos profundamente arraigados— sobre los horarios de trabajo.[1] ¿Qué hace falta para liberarse de estos patrones poco saludables y alcanzar un equilibrio entre la vida laboral y la personal más sostenible y gratificante?

Para explorar esta cuestión, realizamos casi doscientas entrevistas en profundidad a 78 profesionales de un bufete internacional de abogados y una empresa de contabilidad.[2] La mayoría de los entrevistados describieron su trabajo como muy exigente, agotador y caótico, y parecían dar por sentado que trabajar muchas horas era necesario para lograr el éxito profesional. Sin embargo, alrededor del 30 % de los hombres y el 50 % de las mujeres de la muestra parecían resistirse conscientemente al exceso de trabajo, pues describían una serie de estrategias que habían desarrollado para mantener un equilibrio más saludable entre la vida laboral y la personal. Aunque los detalles de cada caso difieren, nuestro estudio sugiere un proceso mental común que ayudó sistemáticamente a este grupo de profesionales a cambiar su forma de trabajar —y de vivir— para mejor.

A grandes rasgos, nuestra investigación demuestra que lograr un mejor equilibrio entre las prioridades profesionales y las personales se reduce a una combinación de reflexividad —o cuestionamiento de los supuestos para aumentar la autoconciencia— y redefinición intencionada de las funciones.[3] Es importante destacar que nuestro estudio sugiere que no se trata de una solución puntual, sino más bien de un ciclo en el que debemos participar continuamente, a medida que evolucionan nuestras circunstancias y prioridades. Este ciclo consta de cinco pasos distintos:

1. Para y desnormaliza

Da un paso atrás y pregúntate: «¿Qué me está causando estrés, desequilibrio o insatisfacción?», «¿Cómo están afectando estas circunstancias a mi rendimiento y a mi compromiso con el trabajo?», «¿Cómo afectan a mi vida personal?», «¿Qué estoy priorizando?», «¿Qué estoy sacrificando?», «¿Qué me estoy perdiendo?». Solo después de hacer una pausa mental y reconocer estos factores, puedes empezar a abordarlos.

Véase el siguiente caso a modo de ejemplo. Tras varios años de intensa concentración en su carrera, Maya,* asociada sénior en un

---

* Los nombres se han alterado para mantener el anonimato.

bufete de abogados, reconoció sentirse como si hubiera tocado fondo. Fue entonces cuando se dio cuenta de que el exceso de trabajo estaba afectando a su familia y a su propia salud mental y física:

> Trabajaba muchas horas [...] fue una época horrible [...]. Creo que para mí ese fue el punto clave. Pensé: «No voy a seguir haciendo esto, es ridículo». Así que creo que desde entonces he dado un verdadero paso atrás.

Del mismo modo, su socia Kate nos contó que, tras el nacimiento de su hijo, experimentó un gran cambio mental. Reconoció que, aunque la habían *adoctrinado* en la idea de «tengo que trabajar, tengo que trabajar, tengo que trabajar», ahora era consciente del desfase entre esta idea y su situación actual como madre. Este acontecimiento que le cambió la vida fue el impulso que necesitaba para dar un paso atrás, tomar conciencia del desajuste entre su situación actual y sus prioridades personales, y empezar a desnormalizar su hábito de trabajar muchas horas.

Por supuesto, todos los profesionales con los que hablamos llevaban una vida muy ajetreada. Muchos de ellos admitieron que normalmente no tenían tiempo ni energía para pararse a reflexionar, e incluso expresaron su gratitud por el espacio de reflexión que les permitía la mera entrevista. Pero, aunque a menudo es un acontecimiento importante de la vida —como el nacimiento de un hijo o la muerte de un ser querido— el que cataliza estas reflexiones, es posible hacer una pausa y empezar a replantearse las prioridades en cualquier momento. Y, pese a que algunos profesionales pueden sentirse bien trabajando largas jornadas de trabajo, tomarse el tiempo necesario para reflexionar sobre estas cuestiones y reconocer las concesiones que se han hecho (intencionadas o no) es útil para cualquiera que desee descubrir formas alternativas de trabajar y vivir.

2. Presta atención a tus emociones

Una vez que hayas tomado conciencia de tu actual situación, examina cómo te hace sentir esa situación. Pregúntate: «¿Me siento lleno de energía, realizado, satisfecho? ¿O bien enfadado, resentido, triste?». Por ejemplo, uno de los encuestados describió cómo se dio cuenta de que su actual equilibrio entre vida laboral y personal (o su desequilibrio) le estaba haciendo sentir emociones bastante negativas:

> Te sientes resentido y amargado porque algo que en esencia no es tan importante para la vida te está quitando un tiempo valioso [...] las sensaciones se acentúan aún más cuando ves a alguien que ha perdido la vida o a alguien a quien le han dicho cuánto le queda de vida. (Tobías, director de auditorías)

Comprender de manera racional las decisiones y prioridades que rigen la vida es importante, pero igual de importante es la reflexividad emocional, es decir, la capacidad de reconocer cómo le hace a uno sentir una situación determinada. Ser consciente del propio estado emocional es esencial para determinar los cambios que se quieren hacer en el trabajo y la vida.

3. Vuelve a priorizar

Aumentar tu nivel de conciencia cognitiva y emocional te proporciona las herramientas necesarias para poner las cosas en perspectiva y determinar cómo debes ajustar tus prioridades. Pregúntate: «¿Qué estoy dispuesto a sacrificar y por cuánto tiempo?». Si has estado dando prioridad al trabajo sobre la familia, por ejemplo, cuestiónate lo siguiente: «¿Por qué creo que es importante priorizar mi vida de esta manera? ¿Es realmente necesario? ¿Es realmente inevitable? ¿De qué me arrepiento ya y de qué me arrepentiré si sigo por el camino actual?».

Nuestras prioridades suelen cambiar más rápido que los hábitos cotidianos que influyen en cómo distribuimos el tiempo. Los entrevistados que describieron un equilibrio más positivo entre la vida laboral y la personal habían cambiado de manera intencionada sus prioridades. Uno de los participantes describió cómo seguía viéndose a sí mismo como un profesional, pero había redefinido ese papel para incluir otras facetas valiosas, como la de padre:

> Cuanto más entiendo realmente lo que es importante en la vida —para nada el trabajo—, mejor entiendo la importancia relativa del trabajo. Sigo obteniendo muchas satisfacciones y cosas del trabajo, pero antes lo era todo para mí; ahora, en cambio, supone mucho menos en mi vida. (Dan, director de auditorías)

4. Considera las alternativas

Antes de lanzarte a buscar soluciones, reflexiona primero sobre los aspectos de tu trabajo y de tu vida que podrían ser diferentes para ajustarse mejor a tus prioridades. ¿Hay aspectos de tu trabajo que te gustaría que cambiaran? ¿Cuánto tiempo te gustaría dedicar a tu familia o a tus aficiones? Como puso de manifiesto uno de los encuestados, mejorar la situación requiere tiempo y experimentación:

> Eso es lo que me ha llevado probablemente hasta ahora, cuando mi hijo ya tiene dos años. He llegado a un punto en el que ya sé «cómo funciona» [trabajar con un horario más

equilibrado] y me ha llevado todo ese tiempo, puede que más del que yo hubiera deseado, pero ya está. (Michael, director de auditorías)

5. Aplica los cambios

Por último, una vez que hayas reconocido tus prioridades y considerado detenidamente las opciones que podrían ayudarte a mejorar, es hora de pasar a la acción. Eso puede significar un cambio «público» —algo que modifique explícitamente las expectativas de tus compañeros, como asumir un nuevo cargo que te exija menos tiempo o te permita comprimir tu semana laboral— o un cambio «privado», en el que modifiques de manera informal tus pautas de trabajo sin intentar necesariamente cambiar las expectativas de los compañeros.

En nuestra investigación, descubrimos que tanto los cambios públicos como los privados pueden ser estrategias eficaces, siempre que se apliquen a lo largo del tiempo. En el caso de los cambios privados, eso puede significar establecerse límites (como elegir no trabajar por la noche, los fines de semana o durante las vacaciones) y mantener esa decisión, o rechazar las demandas típicas del puesto (como nuevos proyectos o solicitudes de viajes) incluso cuando te sientas presionado para aceptarlas. Para los cambios públicos, en lugar de limitarte a decirle a tu superior que quieres más tiempo libre o un horario más flexible, es probable que lo que produzca un cambio más duradero sea conseguir el apoyo de mentores, socios y compañeros de trabajo clave —o incluso mejor, solicitar formalmente un nuevo puesto interno o un plan de trabajo flexible—.

• • •

Es importante destacar que los cinco pasos descritos más arriba no son una actividad puntual, sino un ciclo de reevaluación y mejora continuas. Especialmente si se está bajo la influencia de una cultura empresarial agobiante de largas jornadas laborales, es fácil volver a caer en «lo de siempre» (ya sea una decisión consciente o inconsciente). En nuestras entrevistas, descubrimos que para que las personas hagan cambios reales en su vida, deben acordarse en todo momento de hacer una pausa, conectar con sus emociones, replantearse sus prioridades, evaluar alternativas y aplicar cambios, tanto en el ámbito personal como en el profesional.

Breve resumen

Los estudios demuestran que el exceso de trabajo no es bueno ni para los empleados ni para las empresas. Sin embargo, en la práctica puede resultar difícil superar determinados hábitos de trabajo poco saludables y alcanzar un equilibrio más sostenible entre la vida laboral y la personal. Para lograr un cambio duradero, considera este proceso como un ciclo de cinco pasos:

- Haz una pausa y desnormaliza la situación para replantearte tus prioridades en cualquier momento.

- Presta atención a tus emociones para determinar los cambios que quieres hacer en tu trabajo y en tu vida.

- Reorganiza tu tiempo de forma que se ajuste a tus verdaderas prioridades.

- Considera las alternativas antes de lanzarte a buscar soluciones.

- Aplica cambios públicos y privados. Esto puede incluir imponer límites, rechazar exigencias, conseguir el apoyo de mentores o solicitar un nuevo puesto en la empresa.

Lee más de Ioana Lupu sobre los hábitos
que te ayudarán a conciliar la vida laboral y la familiar,
y evitar el agotamiento:

No te sientas culpable por darte prioridad a ti mismo frente al trabajo

Tus necesidades son lo primero para rendir al máximo

por Donna McGeorge

Cuando eres joven y acabas de entrar en el mundo laboral, es natural sentir expectación, entusiasmo e incluso ansiedad. Es probable que te impongas expectativas concretas sobre lo que quieres conseguir y cómo te gustaría crecer. Es muy fácil creer que hay que trabajar duro y muchas horas para hacerse notar y tener éxito.

Pero esto no es cierto. Dar prioridad al trabajo por encima de la salud física, mental y emocional es ideal para atraer el agotamiento, independientemente de la etapa profesional en la que te encuentres. Cuanto más caigas en la espiral de trabajar muchas horas a costa de tu salud, más difícil te resultará recuperarte de los efectos a largo plazo del exceso de trabajo.

¿Por qué nos sentimos culpables al priorizar la vida frente al trabajo?

Como sociedad, muchos de nosotros seguimos equiparando las horas que trabajamos a nuestro nivel de productividad. Más en general, suponemos que «hacer cosas» es ser productivo. ¿Cuántas veces te has regañado a ti mismo por «desperdiciar un fin de semana» porque lo pasaste descansando en lugar de haciendo planes? Es esta falsa noción de ajetreo la que nos hace sentir avergonzados por elegir el descanso en lugar de la acción. Un rápido vistazo a la historia del trabajo puede explicar por qué sucede.

Durante la Revolución Industrial, el empleado medio debía trabajar cerca de catorce horas al día, seis o siete días a la semana. No fue hasta principios del siglo XX cuando Henry Ford, fundador de la Ford Motor Company, implantó la primera semana laboral de cuarenta horas. Su decisión no fue altruista: creía que podría vender más coches a sus propios empleados si estos disponían de más tiempo libre.

La idea de la «cultura del ajetreo», entendida en términos laborales, se hizo popular durante la gran recesión de 2008.[1] La crisis económica mundial empujó a la gente a aceptar varios trabajos para sobrevivir. Las altas tasas de desempleo y las duras condiciones económicas promovieron el exceso de trabajo como una insignia de honor que, en última instancia, conducía al éxito.

Fue necesaria una pandemia mundial para que las empresas y los trabajadores cambiaran de mentalidad. Hoy, los empresarios han adoptado modelos de trabajo a distancia o híbridos, y empiezan a reconocer el compromiso y la motivación como la clave del bienestar de los empleados. Incluso se habla de flexibilidad y confianza como ingredientes principales de la productividad.

La cuestión es que nuestra definición de *productividad* ha evolucionado. En los dos últimos años, las empresas han empezado a dar más importancia a tener más impacto que a trabajar más horas. Puedes elegir seguir por ese camino. La historia nos ha demostrado que, en tiempos de dificultades económicas, nos vemos presionados a volver a una mentalidad que prioriza el trabajo sobre el bienestar, pero no tiene por qué ser así.

Tu valía o talento como empleado puede definirse por el valor que crea tu producción, no por el tiempo que tardas en crearla. Pero para hacer tu mejor trabajo —el de mayor impacto— necesitas mantener un equilibrio sostenible entre la vida laboral y la personal que te dé prioridad a ti, a tu salud y a tu felicidad.

¿Cómo puedes establecer prioridades?

A pesar de las exigencias de un mundo en constante cambio, una cosa está clara: cuidar de tu salud, independientemente de lo que te diga la cultura del lugar donde trabajes, es fundamental para tu crecimiento y tu éxito. No tienes que probarte a ti mismo antes de priorizarte. De hecho, es justo lo contrario: necesitas priorizarte a ti mismo para rendir al máximo. Cuanto antes empieces a crear hábitos saludables, más feliz y satisfecho te sentirás.[2]

Aunque conseguirlo no es fácil, dar pequeños pasos deliberados es clave para construir una identidad holística, sostenible y empoderadora. Aquí tienes cuatro cosas que puedes hacer para dedicarte tiempo a ti mismo sin obstaculizar tu crecimiento profesional.

1. Prevé tiempo para no hacer nada

No, en serio. Nada. ¿Recuerdas algún momento en el que te hayas sentado en el sofá a soñar despierto, sin la televisión encendida ni el teléfono cerca? ¿Qué sentiste? Con tantas cosas que compiten por nuestra atención, es difícil dedicarnos unos momentos a nosotros mismos. Pero cultivar esta habilidad te enseñará a permanecer en el momento sin pensar en el pasado ni preocuparte por el futuro. A veces, sentarse con los pensamientos puede resultar abrumador, pero hay formas de gestionar los sentimientos difíciles que van surgiendo.

Una manera de crear un momento de auténtica desconexión es escribir las cosas tal y como las piensas o las sientes. Utiliza un diario para plasmar honestamente y sin mucho esfuerzo todo lo que se te pase por la cabeza. Piensa en ello como un «volcado de cerebro» diario. Puede ayudarte a borrar literalmente cosas de tu mente y liberarte de la presión de pensar, rumiar o alarmarte.

Por ejemplo, si te preocupa la reunión de mañana con un cliente, escríbelo. Poner por escrito los pensamientos o miedos puede restarles fuerza y hacer que sean más fáciles de reconocer y gestionar. Poner negro sobre blanco en una página es mucho menos terrible que padecer esas nubes oscuras que flotan en tu mente.

Intenta empezar o terminar el día con esta práctica.

Consejo: También puedes utilizar esta práctica para anotar cosas que requieran tu atención, que necesites organizar o a las que quieras tener acceso inmediato: reuniones con clientes, lista de la compra, una gran idea que se te haya ocurrido, una estrategia empresarial, un nuevo hábito que estés intentando crear o incluso una cita o frase célebre que te guste.

---

2. Aprende a decir no

Cuando empiezas a trabajar, todo parece importante. Un nuevo proyecto. Una reunión. Una tarea difícil. Cada nueva oportunidad puede ser la puerta de entrada para establecer tu credibilidad y demostrar tu valía en el trabajo. A menudo, esta presión nos hace querer decir sí más de lo que convendría.

Aunque esa sensación es normal y un flujo de trabajo saludable te mantendrá motivado y comprometido, tienes que conocer tus límites. Para mejorar a la hora de rechazar peticiones sin sentirte culpable, replantea el hecho de decir no como una forma de establecer límites. Para establecer límites sanos, tienes que determinar tu capacidad física y emocional para hacer cosas. Pregúntate a ti mismo lo siguiente:

- «¿A quién estoy dispuesto (o no) a dedicar tiempo?».

- «¿Qué quiero (o no quiero) hacer o conseguir?».

- «¿Cuándo necesito proteger mi tiempo y cuándo quiero estar disponible?».

- «¿Por qué voy a prestar más atención a una persona o actividad que a otra?».

- «¿Qué tareas o actividades me ayudarán (o no) a alcanzar los resultados que deseo?».

Responder a estas preguntas te ayudará a entender qué te da energía, qué te la resta y, en definitiva, dónde te gustaría centrar tu tiempo. Tomar conciencia de los propios intereses y desinhibiciones, y de qué tareas te ayudarán a alcanzar tus objetivos, forma parte del proceso. Tienes que reconocer tus limitaciones y ser sincero al respecto contigo mismo y con los demás. Esta práctica te convertirá en un mejor miembro de equipo, colega, amigo y socio, y te dará la confianza necesaria para rechazar peticiones con educación.

Consejo: Cuando un superior nos hace una petición, asumimos que no tenemos más remedio que decir que sí. En lugar de eso, asume que es una persona razonable que está dispuesta a mantener una conversación contigo sobre tus prioridades y llegar a un compromiso. Si tienes que decirle a alguien que no, explícale por qué. Ofrece una alternativa y pregúntale si el trabajo puede hacerse más tarde o, si es urgente, aclara que puedes ajustar tus prioridades en función de las necesidades del equipo y de la empresa, como en este ejemplo: «Gracias por pensar en mí. Desgraciadamente, ahora no puedo asumir una tarea más esta semana, pero, si se trata de algo urgente, le puedo echar un vistazo a mis otros proyectos y ver cómo incluirlo».

---

3. Mantén tu trabajo y tu vida separados, literalmente

Es difícil, sobre todo si trabajas desde casa, o al menos parcialmente. La principal consecuencia de trabajar desde casa ha sido que nuestro espacio de relajación ahora hace las veces de oficina, lo que dificulta trazar unos límites físicos claros entre nuestras distintas identidades.

¿Cuál es la solución? Piensa bien cómo utilizas los distintos espacios de la casa. Cuando trabajamos en el mismo lugar todos los días, el cerebro crea una asociación y desarrolla señales específicas que nos permiten concentrarnos y ser más productivos.[3]

Esto hace que nos resulte más fácil separar el espacio de trabajo del resto de la casa. Si se trata de una zona común, como el comedor o la mesa de la cocina, guarda todo el material de trabajo al final del día. Apagar el portátil y guardar las notas de trabajo le permitirá al cerebro desconectar más fácilmente. Del mismo modo, puedes reservar un espacio en el que nunca trabajes, como la cama o el sofá.

Consejo: Cuando termines de trabajar, intenta desactivar las alertas o notificaciones del teléfono. Incluso si te gusta echar un vistazo a las redes sociales, trata de silenciar todos los avisos —correos electrónicos, Slack u otras aplicaciones de trabajo— para ayudarte a desconectar de verdad.

---

4. Trata de comprender lo que el trabajo significa realmente para ti

¿Qué quieres obtener con tu carrera profesional? Aunque pueda parecer una pregunta desconcertante, es necesario tener claro lo que quieres ahora y a largo plazo para crear los hábitos adecuados, hábitos que te ayudarán a alcanzar el objetivo. Puede que la respuesta no sea obvia cuando estás empezando, pero, como primer paso, puedes hacerte algunas preguntas:

- «¿Cómo quiero que me recuerden en el trabajo? ¿Qué legado quiero crear?».

- «¿Qué hay en mi trabajo (aparte del desempeño en sí) que me da energía?».

- «¿Qué trabajo haría si supiera que no tuviera restricciones?».

- «¿Qué me gusta hacer fuera del trabajo? ¿Me deja tiempo para hacer todo eso?».

- «¿Qué haría si no tuviera que trabajar?».

A través de esta reflexión, podrás comprender mejor tu visión profesional a largo plazo, así como descubrir y explorar pasiones e intereses fuera de tu trabajo. Cuanto más tiempo dediques a la introspección sobre lo que significa una carrera profesional para ti, más te darás cuenta de que tu vida laboral es solo una parte de tu identidad, no la totalidad. Esto te ayudará a tener muy claro cuál es el mejor uso que le puedes dar a tu tiempo y qué te hace perderlo en cosas, personas o actividades que no te mueven en la dirección correcta.

Consejo: No se trata de un ejercicio único. Es probable que tu visión profesional cambie con el tiempo, en diferentes etapas de tu vida, lo cual está bien. Intenta reevaluar tus valores y objetivos un par de veces al año. A medida que lo hagas, plantéate establecer objetivos específicos en torno a lo que quieres del trabajo o la empresa que te emplea. Podría tratarse de una cultura de trabajo saludable, un mejor equilibrio entre la vida laboral y la personal, compañeros que te apoyen, un jefe o mentor que te inspire, una mejor remuneración o beneficios laborales más equitativos.

• • •

Has de saber que no existe un «momento adecuado» para cuidarse. Cuanto antes aprendas a dar prioridad a tu salud y bienestar, mejor empezarás a sentirte con tu trabajo y tu identidad profesional.

Breve resumen

Cuando nos iniciamos en el mundo laboral, a menudo equiparamos las horas que pasamos en el trabajo con la productividad, pero eso es falso. No cuidarse desde el principio puede ser la vía directa al agotamiento. Aquí tienes cuatro formas de priorizarte a ti mismo sin perjudicar el crecimiento de tu carrera:

- Desconecta del trabajo y no hagas nada. Piensa en ello como un «vaciado de mente» diario para liberarte de la presión de obsesionarte con determinados pensamientos o sentimientos.

- Aprende a decir no y a definir tus límites.

- Piensa más en los espacios físicos de tu casa y en cómo utilizarlos.

- Trata de entender cuáles son tus objetivos y tu visión profesionales, y cómo encajan en el contexto de tu vida.

3

Cómo compaginar un trabajo a tiempo completo con los estudios o un segundo trabajo
Acepta el reto

por Elizabeth Grace Saunders

Si formaste parte del *boom* emprendedor en tiempos de la pandemia, es posible que hayas iniciado algún trabajo fuera de tu jornada laboral habitual. Tal vez te lanzaste a un negocio paralelo con el objetivo de convertirte en tu propio jefe. Tal vez decidiste volver a estudiar y obtener un título. No eres el único. Las solicitudes de creación de pequeñas empresas se dispararon un 53 % de 2019 a 2021 y las inscripciones en posgrados aumentaron un 4,3 % después de años de descenso.[1]

Aun así, es probable que el entusiasmo inicial de empezar una aventura fuera del horario laboral se esté desvaneciendo. La alegre retahíla de enhorabuenas que brotó de tus compañeros puede verse empañada por la realidad de la rutina: trasnochar para completar las tareas; la tensión de conciliar el trabajo, la familia y los amigos; la lista de tareas pendientes que nunca parece acabarse.

Añadir un compromiso importante a la vida nunca es fácil. Y sin las herramientas adecuadas, puede dejarte con la sensación de que no tienes margen de error o, peor aún, de que estás fracasando en todo.

Como *coach* de gestión del tiempo, oriento a las personas que se enfrentan a este problema: gente que busca encontrar el equilibrio en su vida al tiempo que va más allá en sus objetivos. Obtener un título o poner en marcha una pequeña empresa, sobre todo cuando se trabaja a tiempo completo, plantea retos únicos, pero eso no significa que no sea posible. Te explico lo que yo creo que funciona.

Reconoce el reto que supone

Tanto si le dedicas más tiempo a tu negocio secundario como si trabajas y estudias, va a ser un reto gestionar el tiempo trabajando de nueve a cinco; esa es la realidad. Y llegarás más lejos si lo aceptas en lugar de machacarte con ello.

La mayoría de las personas que trabajan a jornada completa disponen de algunas horas libres por la mañana y por la noche. Dependiendo de los compromisos personales, también se puede disponer de otras dos o cuatro horas el fin de semana. No es mucho tiempo extra si tenemos en cuenta las tareas personales y las responsabilidades familiares.

Si crees que es difícil seguir el ritmo, es porque lo es, y si no tuvieras que hacer otras cosas aparte, tendrías más libertad para dedicarte a todo tipo de actividades. Reconoce que esta es tu realidad antes de poder asumirla y aprovechar al máximo el tiempo del que dispones.

Define claramente tu tiempo de trabajo

Cuando estás entusiasmado con algo importante de fuera del trabajo, es tentador considerar y hacer lo que creas que es más importante en ese momento. Pero este método no funciona bien para la mayoría de la gente. Más a menudo, conduce a la parálisis por análisis.

Muchos de mis clientes que probaron este enfoque dedicaron más tiempo a pensar si debían trabajar en un informe para su jefe, publicar en el foro de la facultad o asistir a la fiesta de cumpleaños de un amigo que a hacer realmente algo. Otros dedicaban demasiado tiempo a las actividades que les parecían más interesantes (como buscar en LinkedIn nuevas oportunidades de negocio) y demasiado poco a las actividades mundanas pero necesarias (como responder a los correos electrónicos de la bandeja de entrada o presentar determinada documentación a Hacienda).

Cuando hay que hacer malabarismos con varias prioridades, es más eficaz definir claramente cuándo estás «activo» y cuándo «inactivo». Establece límites estrictos entre el tiempo que le dedicas al trabajo diario y el tiempo que puedes dedicar a cada una de tus prioridades personales.

Es útil aclarar lo que implica el éxito en tu trabajo diario: plazos importantes, objetivos anuales y cualquier otro punto que tu jefe tenga presente. Haz hincapié en las tareas que contribuyen a esos objetivos y reduce en la medida de lo posible los compromisos voluntarios, los proyectos especiales o las reuniones de más. Cuando tienes un negocio propio aparte o unos estudios de los que preocuparte, dedicar horas extra al trabajo no es una buena idea. Tienes que dedicar esas horas a tus otros objetivos si quieres tener éxito sin sacrificar tu bienestar mental y físico.

Establece recordatorios

Cuando trabajas a jornada completa y tienes un compromiso importante aparte, no podrás participar en todas las actividades familiares o eventos sociales, pero no tienes por qué aislarte por completo.

Lo que me parece que funciona mejor a largo plazo es averiguar primero qué necesitas para cuidar de ti mismo:

- ¿Cuántas horas de sueño necesitas?

- ¿Cuánta actividad física quieres practicar?

- ¿Hasta qué punto necesitas estar presente con tu familia y amigos?

- ¿Qué compromisos personales son más importantes para ti y tus seres queridos?

Si tienes un círculo íntimo de amigos o personas ajenas a tu familia inmediata, reserva un tiempo para llamarlos cada semana u organiza una quedada de amigos los viernes en la que les des prioridad. Así no te permitirás perder de vista las relaciones.

Tus compromisos pueden variar en función de lo que necesites para prosperar. Una vez que hayas determinado qué consideras lo más importante, apúntatelo en la agenda e intenta respetarlo. Puede que no lo consigas siempre, pero si inviertes de forma constante e intencionada en tu salud y en tus relaciones más importantes, podrás mantener tu bienestar físico y social incluso en las épocas más intensas.

Dedica tiempo a tus estudios
o a tu negocio secundario

Por último, del mismo modo que has definido claramente el tiempo para tu trabajo diario o tus contactos, quiero que dediques tiempo al estudio o a tu negocio. Lo que le dediques dependerá de tus preferencias y limitaciones, pero he aquí algunos momentos del día habituales que he comprobado que les funcionan bien a nuestros clientes:

- Por las mañanas, antes de ir a trabajar.

- Tardes entre semana.

- Uno o dos momentos durante el fin de semana.

- Horas de almuerzo para actividades de menor impacto, como publicar en el foro de clase o llamar a tus clientes.

Anota estas horas en la agenda para dedicarlas a la escuela o al negocio. Después, cíñete a esos momentos y comprueba si logras acabar todo lo que tienes que hacer en ese tiempo. Si es así, ¡genial! Si no, tendrás que plantearte encontrar tiempo adicional. O puede que tengas que reducir tus expectativas en ciertas cosas, como hojear un libro en lugar de leerlo entero o ampliar el plazo para lanzar un nuevo negocio.

Tener esto claro te ayuda a decidir bien cuándo vas a trabajar en tus proyectos paralelos, en lugar de sentir que estás demasiado cansado o demasiado ocupado con otra cosa y acabar posponiéndolo. Por último, te da la posibilidad, si te resulta útil, de ausentarte de casa e ir a una biblioteca, cafetería o espacio de *coworking* para realizar tus tareas empresariales o de estudio.

• • •

Equilibrar las exigencias de los estudios o de una pequeña empresa con un trabajo a tiempo completo y con la vida personal resulta abrumador. Pero, con las estrategias adecuadas, es posible. Establece claramente cuándo vas a trabajar, cuándo vas a invertir en tu vida fuera del trabajo y cuándo vas a completar tus proyectos paralelos. A continuación, deja que esa estructura te ayude en esta etapa tan satisfactoria y ajetreada a la vez.

Breve resumen

Obtener un título o poner en marcha una pequeña empresa, especialmente mientras se trabaja a tiempo completo, plantea retos únicos, pero eso no significa que no sea posible. Pon en práctica estrategias para gestionar mejor el tiempo a la vez que proteges tu bienestar físico y mental:

- **Acepta el reto.** Tanto si le dedicas tiempo a tu negocio secundario como si te estás sacando un título, va a ser difícil gestionarlo todo mientras trabajas.

- **Define claramente cuál es tu tiempo de trabajo.** Ten presentes las medidas de cumplimiento en tu trabajo diario y haz hincapié en las tareas que contribuyen a los objetivos.

- **Establece recordatorios.** Una vez que hayas determinado qué es lo más importante, anótatelo en la agenda e intenta cumplirlo.

- **Dedica tiempo a tu negocio secundario o a tus estudios.** Esto variará en función de tu disponibilidad. Anota en la agenda cuándo asumir tus tareas más allá del trabajo diario.

Sección 2

Establecer mejores límites

Guía para establecer mejores límites
Define lo que necesitas

por Joe Sanok

Al igual que con el deporte, la meditación o la elaboración de presupuestos, la mayoría de nosotros sabemos que poner límites a nuestra vida laboral y personal es algo que deberíamos hacer. Aun así, encontrar tiempo para cambiar comportamientos poco saludables, aprender y crear nuevos hábitos es más fácil de decir que de hacer.

En un mundo tan acelerado como el actual, resulta tentador buscar sin cesar el siguiente atajo o herramienta de productividad para seguir el ritmo de la competencia, pero estos *trucos* no suelen funcionar. Los estudios previos a la pandemia indicaban que muchas personas ya dormían menos que las generaciones anteriores, a menudo para hacer más trabajo;[1] sin embargo, cada vez éramos menos productivos. Estudios más recientes muestran que el estrés, la ansiedad y el insomnio pospandémicos han aumentado.[2] No es sorprendente que también estemos más preocupados, seamos más adictos al café y nos sintamos más miserables. En general, el tiempo libre y la actividad física han disminuido.[3]

La solución, los límites, está justo delante de nosotros. Cuando definimos lo que necesitamos para sentirnos seguros y sanos, cuándo lo necesitamos y creamos herramientas para proteger esas partes de nosotros mismos, podemos hacer maravillas por nuestro bienestar en el trabajo y en casa, lo que a su vez nos permite aportar lo mejor de nosotros mismos en ambos lugares. Un límite podría ser cómo queremos que nuestros compañeros y colegas se comuniquen con nosotros, cuándo queremos que nuestros jefes se pongan en contacto con nosotros o incluso los días que preferimos trabajar en lugar de descansar.

Entonces, ¿por qué nos cuesta tanto poner límites?

En mi experiencia asesorando a clientes, empresarios y equipos, he aprendido que la práctica de definir límites saludables puede ser desencadenante. Aunque los límites representan diferentes cosas según la persona, universalmente nos obligan a examinar los comportamientos tóxicos con raíces en nuestro pasado y pueden hacer aflorar diálogos internos negativos que son dolorosos de abordar. Por ejemplo, una persona que tiende a complacer a la gente —una inseguridad que probablemente desarrolló en la infancia— puede tener dificultades para establecer límites porque siente la necesidad de dar continuamente para ser digna de los demás. Por otro lado, las personas muy motivadas pueden ver un límite como un fracaso personal o un ataque a su ego.

La buena noticia es que, independientemente de lo que se arrastre del pasado, he visto que incluso los comportamientos más arraigados pueden desaprenderse estableciendo límites. Esto es lo que hay que hacer —y lo que no hay que hacer— para empezar.

Lo que no hay que hacer

En el fondo, los límites tienen que ver con a quién damos poder. Nos obligan a analizar por qué no nos estamos dando permiso para trabajar y vivir de la forma que consideramos mejor para nuestro bienestar. Si no decidimos sobre nuestra propia vida, horarios y cargas de trabajo, ¿quién lo hace? Los límites nos permiten decidir cuándo, cómo y si cedemos este poder.

Por eso, a la hora de poner límites, solemos equivocarnos cuando esperamos que los demás nos den lo que necesitamos, en lugar de tomar nosotros la iniciativa. Podemos pedir a nuestros socios y compañeros que se comuniquen con compasión, a nuestros jefes que envíen su último correo electrónico no más tarde de las cinco o a la empresa horarios más flexibles, y aun así no obtener los resultados que deseamos.

Con el tiempo, nos cansamos de preguntar. Un límite se convierte en otra conversación para la que no tenemos energía. Nos rendimos o decidimos seguir la corriente y sucumbir a horarios, prácticas o personas que no nos sirven. Pero esto solo conduce a un resentimiento creciente.

Lo que sí hay que hacer

Una forma de superar estos obstáculos y tener el control es cambiar la mentalidad sobre cómo funcionan los límites. Has de saber que los límites son los que tú mismo identificas y aplicas a través de la acción o cuando te comunicas. Esto no significa que puedas conseguir todo lo que quieras cuando quieras, sino que hay pequeñas cosas bajo tu control que puedes hacer para proteger tu tiempo y energía.

Para empezar, da un paso atrás y empieza por etiquetar tus límites como «duros» o «blandos».

- **Límites duros (no negociables).** Aquellos por los que no estás dispuesto a transigir y que te llevan a actuar de inmediato. Piensa en ellos como cosas que nunca harás o que nunca asumirás como razonables. Por ejemplo: «Nunca aceptaré un cliente de consultoría que solo pueda reunirse conmigo un viernes».

- **Límites blandos (aspiraciones).** Son más bien deseos respecto de los cuales estás dispuesto a transigir. Piensa en ellos como objetivos que quieres alcanzar, pero con los que eres flexible. Por ejemplo, quizá quieras empezar a salir de la oficina a las 16:30 en lugar de a las 17:30, pero hay otras personas (como tu jefe) implicadas para que eso se haga realidad. Puedes decidir tomártelo con calma y pensar cómo abordar esa conversación.

Cuando empieces a definir los límites como duros y blandos, te resultará más fácil distinguir entre lo que no es negociable y las aspiraciones que tienes. Esto te permitirá tomar decisiones con confianza que estén alineadas con tus necesidades más profundas y gestionar tu energía mientras trabajas para conseguir todo lo demás.

He aquí cómo empezar.

Determina tus prioridades en el trabajo y en la vida

¿Qué quieres conseguir en tu vida personal y profesional? Podría ser algo tan sencillo como pasar más tiempo con la familia o encontrar un trabajo que dé prioridad al bienestar. Nombrar aquello sin lo que no puedes vivir, frente a lo que deseas, te ayudará a distinguir entre límites duros y blandos.

Para empezar, prueba a hacer un ejercicio de visualización que utilizo con algunos de mis clientes. Imagina que tu vida tal y como es ahora ya no es posible. Digamos que te despiden, que no puedes seguir residiendo en la ciudad en la que vives, que tu pareja rompe contigo o que te ves obligado a cambiar de profesión. ¿Qué harías? ¿Qué echarías de menos? ¿Qué no? ¿Qué sería lo más emocionante? ¿Qué te daría más pena?

Quizá elegirías un trabajo más cerca de tus seres queridos. Quizá echarías de menos tener un jefe compasivo, pero no hacer muy a menudo horas extras. Quizá por fin te sentirías libre para explorar otros lugares, sectores y personas. Ahora pregúntate lo siguiente: de todas las cosas que has enumerado, ¿con qué realidad no puedes vivir? De todas las cosas que no echas de menos, ¿cuál no estás dispuesto a volver a soportar?

Tus respuestas revelarán tus máximas prioridades, así como algunas aspiraciones que pueden estar ocultas bajo la red de seguridad de tu situación actual.

Experimenta con un límite duro

Ahora que tienes una idea más clara de cuáles son tus prioridades, puedes hacer lo que yo llamo un *experimento de recorte* para establecer límites estrictos que las protejan. Este ejercicio consiste en limitar las tareas, interacciones o actividades que no son el mejor uso de tu tiempo. Ser más selectivo con lo que haces y a quién le dedicas tu energía te permitirá centrarte solo en lo que te proporciona los mejores rendimientos, ya sea un mayor logro en el trabajo, más felicidad en casa o cualquier otra recompensa.

Por ejemplo, digamos que tu mayor prioridad es proteger la energía que gastas en el trabajo para llegar menos agotado a casa. Piensa en todo lo que haces en la oficina. Tus tareas pueden parecer igual de importantes, pero los correos electrónicos, el trabajo de ordenador y las reuniones tienen resultados muy diferentes en el balance final de la empresa. Puedes establecer un límite duro negándote a asistir a las reuniones que sabes que son inútiles y sustituyéndolas por momentos de descanso o indicando en tu agenda que después de las cinco de la tarde no se te moleste.

En tu vida personal, puedes considerar igualmente las relaciones o actividades que más te agotan y circunscribirte a pasar tiempo con las personas que te aportan alegría. En esencia, tu objetivo es utilizar límites estrictos para hacer menos cosas y conservar la energía mientras haces cosas más importantes, es decir, aquello que realmente te beneficia a ti y a tus necesidades.

Cuando realizo este ejercicio con mis clientes, es aquí donde suelo encontrar más resistencia. Suelen decir: «¿No es egoísta centrarme en lo que quiero?». Mi consejo es que respondan a su propia pregunta, que consideren este ejercicio como un experimento y recojan los datos.

Después de establecer estos límites, pregúntate: «¿Me he sentido más o menos productivo en el trabajo? ¿Me siento más o menos renovado en mi papel de compañero, amigo o padre?». Siempre se puede acabar volviendo a las andadas, pero muchos descubren de esta forma tareas o mentalidades que ya no les sirven.

Experimenta con unos límites blandos

A continuación, piensa en tus aspiraciones: las cosas que te gustaría cambiar, pero no necesariamente con carácter de urgencia. Tal vez quieras dormir mejor por la noche, limitar el tiempo que pasas consultando las redes sociales o pasar menos horas en la oficina contestando correos electrónicos tediosos. ¿Hay límites blandos que puedas establecer para sentirte más productivo, creativo y descansado en el trabajo y en casa? Ponlos a prueba.

Por ejemplo, puedes intentar no tomar cafeína después de comer para mejorar el sueño, limitar el uso de las redes sociales a la hora de comer o reservar una hora en la agenda para responder correos electrónicos de una sola vez y dejar de hacerlo en cuanto se acabe ese tiempo.

Recuerda que en esta fase hay cierta flexibilidad con los límites duros y blandos. Tantea el terreno para ver cómo te sientes y qué resultados obtienes.

Comprométete

Ya has tenido tiempo de probar algunas formas de proteger tu tiempo, tu energía y tu bienestar. Pregúntate qué has aprendido. ¿Qué par de límites te reportarían grandes beneficios?

Comprométete con ellos durante al menos un trimestre y observa cómo te sientes, centrándote tanto en la razón como en el corazón, en lo cualitativo y en lo cuantitativo. Puedes utilizar las siguientes preguntas para hacer un seguimiento de tu experiencia:

- «¿Qué resultados positivos he obtenido al establecer un límite?».

- «¿Qué resultados negativos se derivan de hacerlo?».

- «¿Cómo me siento ahora comparado con el principio de este experimento?».

- «¿Qué tengo que cambiar o ajustar para seguir por el buen camino y abordar lo negativo?».

- «¿A qué límites quiero atenerme sea como sea (límites duros) y cuáles son más aspiracionales (límites blandos)?».

• • •

Cuando experimentes con límites duros y blandos, recuerda que el proceso es fluido. El objetivo es comprender mejor lo que realmente quieres y no asumir sin más lo que te llega de un jefe, un cliente, un compañero, un hijo, un amigo o la sociedad en general. Cuando das un paso atrás, reflexionas y evalúas tus deseos, descubres que los límites no te inhiben, sino que te dan espacio para crear la vida que quieres vivir.

Breve resumen

Los límites son aquello que nos imponemos a nosotros mismos y que aplicamos mediante la acción o al comunicarlos. Cuando definimos lo que necesitamos para sentirnos seguros y sanos, y creamos herramientas para proteger esas partes de nosotros mismos, podemos hacer maravillas por nuestro bienestar en el trabajo y en casa:

- Los límites duros no son negociables, mientras que los límites blandos son los objetivos que quieres alcanzar, pero con los que te permites cierta flexibilidad. Conocer la diferencia entre ambos te permitirá tomar decisiones que se ajusten a tus necesidades.

- Experimenta al establecer un límite duro para proteger tus máximas prioridades restringiendo las interacciones o actividades que no son el mejor uso de tu tiempo.

- **Piensa en tus aspiraciones. ¿Hay límites blandos que puedas establecer para sentirte más productivo, creativo y descansado en el trabajo y en casa? Ponlos a prueba.**

- **Presta atención a cómo te hacen sentir estos cambios de comportamiento. Recuerda que el proceso es fluido y puede ir cambiando con el tiempo.**

Escucha este episodio de nuestro pódcast *New Here* para aprender a reconocer y proteger mejor tus límites en el trabajo:

Cuando tu carrera se convierte en toda tu identidad

Recupera tiempo para ti

por Janna Koretz

Dan,* socio de un bufete de abogados de Boston, debía estar en la oficina, pero en lugar de eso se encontraba acurrucado en el suelo del cuarto de baño de su casa, sin afeitar y en pijama, llorando sobre una toalla.

Todo había comenzado poco a poco. En una reunión con un cliente especialmente insistente, un pensamiento le vino a la mente: «¿Por qué demonios estoy aquí?». A partir de ese momento, notó que su impaciencia, infelicidad y frustración con su trabajo se hacían más profundas hasta que, de repente, se dio cuenta de que no encontraba la felicidad ni la plenitud desempeñando ese trabajo, y quizá nunca lo había hecho.

---

* Los nombres se han alterado para mantener el anonimato.

Para alguien que se había hecho una idea de sí mismo en torno a su carrera, este pensamiento lo sumió en una crisis existencial. ¿Quién era si no un abogado de alto nivel? ¿Había perdido tantos años trabajando para nada? ¿Habría tenido más amigos y una familia más feliz si no se hubiera pasado todas esas noches en el despacho?

La historia de Dan no es infrecuente. Muchas personas se sienten infelices con su carrera, a pesar de haber trabajado duro para llegar a ocupar el puesto actual. Odiar el trabajo es una cosa, pero ¿qué ocurre si te identificas tanto con tu trabajo que odiarlo significa odiarte a ti mismo?

Los psicólogos utilizan el término *enmeshment* (podría traducirse como «atadura emocional») para describir una situación en la que los límites entre las personas se difuminan y la identidad individual pierde importancia. Quien la padece ve impedido el desarrollo de un sentido del yo estable e independiente. A Dan le había ocurrido no con otra persona, sino con su carrera.

Como psicóloga, estoy especializada en los problemas de salud mental asociados a la carrera profesional. Personas como Dan acuden a mi consulta todos los días. Una confluencia particular de logros, intensa competitividad y cultura del exceso de trabajo ha atrapado a muchos en una tormenta perfecta de enredo profesional y agotamiento. A lo largo de los años, hemos descubierto que estos problemas interactúan de formas tan complejas con la identidad, la personalidad y las emociones que a menudo es necesaria una intensa terapia psicológica para abordarlos con éxito.

Entonces, ¿qué sucede en nuestra carrera que con demasiada frecuencia conduce a problemas de salud mental como los que sufrió Dan?

La cultura laboral en muchos ámbitos recompensa el trabajo de más horas con aumentos, prestigio y ascensos. Dan descubrió que pasar cada vez más tiempo en la oficina (o enganchado a su iPhone corporativo) era el precio que tenía que pagar si quería conseguir un ascenso en la empresa. Sin embargo, cuando uno se dedica a una actividad intensa durante la mayor parte del tiempo que está despierto, esa actividad tiende a convertirse cada vez más en el centro de su identidad, aunque solo sea porque ha desplazado otras actividades y relaciones con las que podría identificarse.

Ciertas carreras o logros profesionales suelen ser muy valorados en la familia o entorno de una persona. Los padres de Dan habían sido abogados y, aunque nunca lo presionaron explícitamente para que se dedicara a lo mismo, tenían grandes expectativas puestas en sus logros profesionales y económicos. Cuando el éxito profesional se considera el objetivo último de la vida, las personas pueden sentirse desconectadas de su familia y sus compañeros si no consiguen (o simplemente deciden no conseguir) un determinado nivel de éxito profesional. Este miedo al fracaso y al aislamiento lleva a las personas a centrar su vida en conseguir lo que se espera de ellas. Sin embargo, este enfoque y empuje obliga a que, en última instancia, su identidad sea sinónimo de su trabajo.

Cuando el trabajo se acompaña de un sueldo elevado, muchos pueden verse inmersos en una nueva clase socioeconómica. De repente, Dan no podía vivir sin su casa, su coche, sus vacaciones y sus artilugios, pero sí sin sus amigos, sus cenas y sus galas benéficas. Nuestra identidad está muy influida por cómo nos presentamos a los demás. Cuando alguien se forma una identidad centrada en la riqueza, los logros y la influencia, vincula lo logrado a la carrera bien remunerada que lo ha llevado hasta ahí.

Incluso para quienes no acaban quemados, construir la propia identidad en torno a una carrera profesional es arriesgado. Empresas e industrias enteras luchan y se hunden. Independientemente de cómo ocurra, desvincularse por las circunstancias de una carrera que ha constituido la base de la identidad puede provocar problemas mayores, como depresión, ansiedad, consumo de sustancias y soledad.

¿Cómo saber si tu identidad está ligada a tu carrera? Plantéate las siguientes preguntas:

- ¿Cuánto piensas en tu trabajo cuando no estás en la oficina? ¿Tu mente se ve a menudo invadida por pensamientos relacionados con el trabajo? ¿Te resulta difícil participar en conversaciones con otras personas que no tengan que ver con el trabajo?

- ¿Cómo te describes a ti mismo? ¿Qué parte de esta descripción está ligada a tu trabajo, puesto o empresa? ¿Encuentras otras formas de describirte a ti mismo? ¿Cuánto tardas en hablarle de tu trabajo a gente que acabas de conocer?

- ¿Dónde pasas la mayor parte del tiempo? ¿Alguna vez se te ha quejado alguien de que pasas demasiado tiempo en la oficina?

- ¿Tienes aficiones fuera del trabajo que no impliquen directamente tus capacidades y habilidades laborales? ¿Dedicas tiempo a ejercitar otras partes del cerebro?

- ¿Cómo te sentirías si no pudieras seguir ejerciendo tu profesión? ¿En qué medida te angustiaría?

Si estas preguntas te hacen preocuparte por el grado en que tu trabajo ha influido en tu identidad, hay cosas que puedes hacer para iniciar el cambio. Puedes llevarlas a cabo por tu cuenta o con la ayuda de un terapeuta que entienda los retos a los que se enfrentan los profesionales como tú.

Libera tiempo. Delega tareas en el trabajo para conseguir tener más tiempo y, sobre todo, llena ese tiempo con actividades no relacionadas con el trabajo. Esto puede significar confiar más en tus colegas, o abogar por un becario o un colega específico para que te ayude con lo que has de hacer. Delegar de manera eficaz requiere renunciar a cierto control sobre cómo se va a ejecutar exactamente el trabajo, lo que en sí mismo es un saludable ejercicio de comunicación y aceptación.

Empieza poco a poco. Para tus nuevas actividades fuera del trabajo, empieza poco a poco y prueba algunas aficiones a las que les hayas echado el ojo. No tienes que comprometerte a nada a largo plazo; la idea es empezar a explorar cosas nuevas que quieras integrar en tu día a día. Por ejemplo, si quieres hacer más ejercicio, no te apuntes a una maratón; simplemente empieza a ir andando al trabajo o ve al gimnasio durante la comida una o dos veces por semana. Los pequeños cambios de este tipo son más fáciles de mantener y, con el tiempo, pueden dar lugar a un círculo virtuoso de mejora y compromiso.

Reconstruye tu red. Acércate a amigos y familiares para darles vida a tus círculos sociales. Acabarás divirtiéndote a la vez que estableces una red de apoyo. Incluso el simple hecho de enviar mensajes por teléfono, correos electrónicos o llamar para ponerte al día con personas con las que hace tiempo que no hablas puede ayudar a fortalecer las relaciones. No hace falta mucho; investigaciones recientes sobre amistades en la edad adulta han demostrado que tener solo de tres a cinco amigos íntimos se asocia con niveles más altos de satisfacción vital.[1]

Decide qué es importante. Establece y revisa tus principios y valores. ¿Qué es lo más importante para ti? Piensa en lo que te importa en la vida y deja que esas prioridades te guíen. Los terapeutas suelen utilizar una expresión llamada *clarificación de valores* para ayudar a sus pacientes a pensar en lo que más les importa. Este proceso consiste en reflexionar sobre la dirección deseada en ámbitos como las relaciones personales, el entorno y la carrera profesional, y luego clasificar todo ello en función de su importancia. Aunque una hoja en la que sigas un formato predefinido puede ser útil, puedes empezar creando y actualizando una lista en tu propio teléfono, a medida que piensas en lo que consideras más importante.

Mira más allá de tu puesto de trabajo. Considera la posibilidad de replantear tu relación con tu carrera profesional no solo en términos de empresa o cargo, sino en términos de tus habilidades, que podrías utilizar en distintos contextos. Por ejemplo, muchos psicoterapeutas que se agotan tratando a pacientes descubren que sus habilidades son más que adecuadas para la gestión de recursos humanos o para la orientación laboral.

Aunque identificarse de manera estrecha con la propia carrera no es necesariamente malo, te hace vulnerable a una dolorosa crisis de identidad si acabas quemado, te despiden o te jubilas. Las personas en estas situaciones suelen sufrir ansiedad, depresión y desesperación. Si recuperas algo de tiempo para ti y diversificas tus actividades y relaciones, podrás construir una identidad más equilibrada y sólida, en línea con tus valores.

Breve resumen

Los psicólogos utilizan el término *enmeshment* para describir una situación en la que los límites entre las personas se difuminan y la identidad individual pasa a un segundo plano. El *enmeshment* impide el desarrollo de un sentido del yo estable e independiente. También puede aplicarse a la frontera entre uno mismo y el trabajo. Aunque identificarse de manera estrecha con la profesión no es necesariamente malo, puede acabar siendo vulnerable a una dolorosa crisis de identidad y a otros problemas de salud mental en caso de agotamiento o despido:

- Identificarse a través del propio trabajo puede acabar ocurriendo con el tiempo, sin apenas darnos cuenta, hasta que se convierte en un problema.

- Las personas en estas situaciones suelen sufrir ansiedad, depresión, agotamiento, pérdida del sentido de sí mismas y desesperación.

- Si recuperas algo de tiempo para ti y diversificas tus actividades y relaciones, aunque sea en pequeños detalles, podrás construir una identidad más equilibrada y sólida, acorde con tus valores.

Realiza la autoevaluación de implicación para saber
si corres el riesgo de identificarte solo a través de tu trabajo:

Cómo tomarse mejores descansos en el trabajo, según los estudios

Aprovecha al máximo el tiempo de descanso

por Zhanna Lyubykh y Duygu Biricik Gulseren

Para muchos de nosotros, ser productivos significa pasar más tiempo trabajando. Parece intuitivo que, cuanto más tiempo dediquemos a las tareas laborales, más acabaremos haciendo. Y no es de extrañar que haya tanta bibliografía plagada de consejos sobre cómo rendir al máximo durante el tiempo de trabajo. Por ejemplo, la «rutina diaria de los CEO» suele incluir cosas como levantarse a las cuatro de la mañana, trabajar el fin de semana e incluso «ser estratégico sobre la frecuencia con la que se va al baño». Para hacer frente a una carga de trabajo cada vez mayor, muchos trabajadores optan por machacarse, saltarse comidas y quedarse hasta tarde.

Pero el coste de estar siempre preparado (¡y hacerlo bien!) es alto. Según una encuesta reciente de la compañía de seguros Aflac, más de la mitad de los empleados (59 %) afirman sentirse agotados.[1] El nivel de compromiso está disminuyendo entre los trabajadores de EE. UU.[2] Resulta alarmante que tanto las tasas elevadas de agotamiento como el escaso compromiso estén asociados a un menor rendimiento. ¿Qué podemos hacer para mejorar nuestro bienestar y mantener el rendimiento?

Hacer una pausa en lugar de seguir trabajando podría ayudar en ambos aspectos. Intrigados por las dos narrativas contrapuestas —una centrada en trabajar más como indicador de rendimiento y la otra en hacer pausas regulares para proteger el bienestar—, así como por los resultados dispares (y a veces contradictorios) de estudios sobre estos temas, nuestro equipo llevó a cabo una revisión sistemática de la investigación existente sobre las pausas en el lugar de trabajo.[3] Al analizar más de ochenta estudios, confirmamos que hacer pausas en el trabajo a lo largo del día puede mejorar el bienestar y también ayuda a sacar adelante más trabajo. En contra de la narrativa de trabajar muchas horas, nuestra investigación sugiere que hacer pausas dentro del horario laboral no solo no merma el rendimiento, sino que puede ayudar a potenciarlo.

¿Por qué las pausas son beneficiosas para el bienestar y el rendimiento?

Como las pilas que necesitan recargarse, todos tenemos una reserva limitada de recursos físicos y psicológicos. Cuando nos quedamos sin batería, nos sentimos agotados y estresados.

Trabajar sin parar cuando nos queda muy poca energía pone a prueba tanto el bienestar como el rendimiento laboral. En casos extremos, puede conducir a una espiral negativa: un trabajador intenta terminar las tareas a pesar de su estado de agotamiento, es incapaz de hacerlas bien e incluso comete errores, lo que da lugar a más trabajo y a que queden aún menos recursos para abordar esas mismas tareas. Esto significa que, cuanto más trabajamos, menos productivos y más agotados podemos llegar a estar. Como cuando uno lee la misma frase cinco veces, y sigue sin asimilarla.

La buena noticia es que hacer pausas ayuda a los empleados a reponer fuerzas y a acabar con la espiral negativa del agotamiento y disminución de la productividad. Sin embargo, no todas las pausas tienen los mismos efectos.

¿Qué tipos de pausas son más eficaces para mejorar el bienestar y el rendimiento?

Las pausas pueden adoptar muchas formas diferentes: hacer ejercicio, navegar por las redes sociales, dar un paseo, socializar con otras personas, echar una siesta, comer, etc. Sin embargo, nuestra revisión sistemática muestra que no todos los tipos de pausas son igual de eficaces. En otras palabras, importa el tipo de pausa que se hace en el trabajo. He aquí algunos elementos comunes de las pausas que deben tenerse en cuenta.

Duración y horario de las pausas

Una pausa más larga no equivale necesariamente a una pausa mejor. Desconectar del trabajo solo unos minutos pero de forma regular (microdescansos) puede ser suficiente para evitar el agotamiento y aumentar el rendimiento. Por ejemplo, los trabajadores pueden hacer pequeñas pausas para picar algo, estirarse o simplemente mirar por la ventana. Además, el momento de la pausa es importante: las más cortas son más eficaces por la mañana, mientras que las de mayor duración son más beneficiosas a última hora de la tarde. Esto se debe a que la fatiga va a más a lo largo de la jornada laboral y necesitamos más tiempo de descanso por la tarde para recargar las pilas.

Dónde hacerlas

El lugar en el que descansas puede marcar una gran diferencia en términos de recuperación. Tanto estirarse en la oficina como salir a dar un pequeño paseo parecen actividades de descanso muy similares, pero podrían diferir sustancialmente en su potencial de recarga. Nuestro estudio demuestra que hacer una pausa al aire libre y disfrutar de un espacio verde es mucho mejor que quedarse simplemente en la oficina.

Actividad durante la pausa

Realizar una actividad física durante una pausa es eficaz para mejorar tanto el bienestar como el rendimiento. El ejercicio es una herramienta de recuperación especialmente valiosa para el trabajo más exigente a nivel mental. Sin embargo, los efectos positivos de este tipo de pausa son efímeros y los empleados necesitan hacer ejercicio con regularidad para aprovechar todas sus ventajas.

A pesar de estos beneficios, el ejercicio no es la forma preferida de los empleados durante sus descansos. Nuestro estudio muestra que navegar por las redes sociales es la actividad más común: casi todo el mundo (97 %) afirma hacerlo. Sin embargo, los investigadores han descubierto que navegar por las redes sociales durante las pausas de trabajo puede provocar agotamiento emocional[4] y, en consecuencia, una disminución de la creatividad y del compromiso laboral, en lugar de una recarga de energía.

Compañeros de descanso peludos

Un estudio de nuestra revisión demostró que las interacciones con un perro pueden reducir los niveles de la hormona cortisol, un indicador objetivo del estrés.[5] Se necesita más investigación en este campo, ya que los efectos sobre el rendimiento siguen sin estar claros. Sin embargo, tenemos la sospecha de que pasar un rato de descanso con un perro —u otra mascota— es eficaz para muchos empleados. Los estudios demuestran que las interacciones con animales de compañía pueden aumentar considerablemente el bienestar psicológico de las personas, lo que a su vez está estrechamente relacionado con el rendimiento.[6]

¿Qué pueden hacer los directivos y las empresas para fomentar las pausas?

La mera disponibilidad de las pausas no garantiza los beneficios. Es posible que los trabajadores no las utilicen de la forma más eficiente o que no las tomen en absoluto. Como responsables de la toma de decisiones y modelos de conducta en las organizaciones, los directivos se encuentran en una posición importante para fomentar las pausas de trabajo efectivas. Esto puede lograrse de varias maneras.

Fomentar actitudes positivas hacia las pausas

Aunque los empleados suelen considerar positivas las pausas y afirman que son beneficiosas para el rendimiento, los directivos no siempre comparten esta opinión. Esto puede disuadir a muchos. Por lo tanto, es fundamental que los directivos estén informados sobre los beneficios de las pausas en el trabajo y su relación con el rendimiento. Por ejemplo, los responsables de recursos humanos pueden incorporar esta información en los programas de formación sobre bienestar de la empresa. Las organizaciones también pueden considerar la posibilidad de poner en marcha «momentos de bienestar» (parecidos a los «momentos de seguridad») durante los cuales puedan compartir sus estrategias para hacer pausas eficaces y proponer actividades divertidas para hacer entretanto. Incluso colgar carteles sobre los beneficios y las buenas prácticas de las pausas en el lugar de trabajo puede ser de gran ayuda.

Tomarse descansos

Los directivos pueden comunicar la importancia de las pausas haciendo ellos mismos las más efectivas con regularidad para que los empleados los imiten. Por ejemplo, un directivo que pasee regularmente a su perro por un parque cercano puede comunicar a sus empleados que se ausentará un rato del trabajo para hacerlo. Esta estrategia no solo da un ejemplo positivo, sino que también establece límites claros para no ser interrumpido durante las pausas. Predicar con el ejemplo ayudará a evitar el posible estigma y el sentimiento de culpa asociados. Resulta prometedor que cada vez más líderes de organizaciones lo reconozcan e incluso compartan su pesar por no tomarse suficiente tiempo libre en el trabajo.[7]

Programación de pausas específicas

Nuestro estudio muestra que muchos empleados no pueden tomarse descansos regulares o se ven disuadidos de hacerlo debido al estigma; para abordar esta cuestión, recomendamos que los directivos y las organizaciones programen tiempos de descanso específicos. Esto debe aplicarse con cuidado. Los horarios de pausa rígidos, como los que obligan a los empleados a dejar de trabajar solo a una hora determinada y durante un período predeterminado, reducen la autonomía de los empleados y pueden incluso tener efectos perjudiciales. Recomendamos ofrecer un tiempo total para las pausas, como una hora al día, y dejar a discreción del empleado cuándo y con qué frecuencia tomarse los descansos. Ofrecer horarios de trabajo flexibles, iniciativas innovadoras para las pausas en el lugar de trabajo, como los «tickets de pausa» (tickets diarios que permiten al empleado tomarse una hora libre como más le plazca), o facilitar actividades sociales o físicas *in situ* podrían ser algunos ejemplos de programación óptima de los descansos.

Crear espacios para las pausas

Como hemos destacado anteriormente, dónde se toman las pausas puede desempeñar un papel importante a la hora de maximizar sus beneficios. Por ejemplo, disponer de un pequeño parque o espacio verde en el seno de la compañía comunica el compromiso de la organización de facilitar las pausas en el trabajo y potenciar sus beneficios en relación con el rendimiento de los empleados. Para aumentar aún más los beneficios del descanso al aire libre, también podría tratarse de un parque para perros, en el que puedan ir sin correa y donde los empleados disfruten interactuando con los animales. Esto también puede servir como herramienta de contratación, ya que la demanda de lugares de trabajo que admiten mascotas va en aumento.[8] Muchas empresas ya han adoptado políticas que las admiten.

Las organizaciones con empleados que trabajan desde casa también pueden aprovechar los espacios que tienen a su disposición organizando reuniones virtuales en las que los trabajadores pueden incorporarse a ellas mientras pasean o están sentados en un espacio al aire libre que les resulte cómodo. También pueden asignar un «presupuesto para los lugares de pausa», con el fin de que los empleados creen su propio espacio de descanso. Por ejemplo, los empleados pueden comprar una planta de interior o una esterilla de yoga.

• • •

El rendimiento de los empleados siempre ha sido una preocupación para las organizaciones, y hoy en día cada vez más compañías se esfuerzan por abordar su bienestar. Las pausas en el trabajo son una herramienta prometedora para mejorar ambos aspectos. Las empresas deben reconocer la importancia del descanso y realizar esfuerzos deliberados para facilitar pausas eficaces.

Breve resumen

Hacer pausas periódicas en el trabajo a lo largo del día puede aumentar el bienestar y el rendimiento, pero muy pocos de nosotros las hacemos con regularidad o de la forma más eficaz. Existen buenas prácticas para aprovechar al máximo ese tiempo de desconexión de nuestras tareas respecto a dónde, cuándo y cómo:

- El coste de estar siempre activo es alto. El compromiso y el bienestar se resienten cuando se fuerza la maquinaria en lugar de dejarla descansar.

- Tomar descansos puede ayudar a los empleados a reponer fuerzas y revertir la espiral negativa del agotamiento y disminución de la productividad.

- Las pausas pueden adoptar distintas formas: hacer ejercicio, navegar por las redes sociales, dar un pequeño paseo, socializar con otras personas, echar una siesta, ir a comer, etc.

- La duración y el horario de las pausas, dónde se hacen y mediante qué actividad contribuyen a su eficacia.

- Los directivos y las organizaciones deberían animar a sus empleados a hacer pausas más beneficiosas y frecuentes.

Sección 3

Vencer el agotamiento

¿Estás quemado por exceso de trabajo o por los escasos resultados de lo que haces?

Aumenta tu productividad

por Liz Wiseman

Aunque quizá no sea tu caso, probablemente lo hayas oído en las noticias: los trabajadores trabajan más horas, se sienten agotados, están quemados y dimiten en masa.

Yo también he pasado por eso. Llevaba años trabajando en Oracle Corporation como vicepresidenta en un trabajo estimulante y gratificante cuando, de repente, empecé a sentirme mal. Mi jefe me instó a tomarme tres semanas de vacaciones. Su instinto era bueno, ya que el tiempo libre con mi familia me supuso un soplo de aire fresco; pero, por desgracia, el efecto fue efímero. Asumiendo que mi trabajo era demasiado exigente, reduje las responsabilidades que asumía y las horas que pasaba en la oficina, pasando a trabajar cuatro días a la semana. Pero, extrañamente, mi nivel de energía no aumentó, sino que se redujo.

De repente sentía que el trabajo que hacía era rutinario y superficial, a pesar de que tenía una gran responsabilidad de gestión. Me sentía como si estuviera activando una manivela en medio de un lodo burocrático. Y, aunque mi rendimiento laboral era sólido, por dentro sentía que mi trabajo era vacío. Seguí así un año más, pensando que un nuevo trabajo más exigente me consumiría demasiado y me impediría tener una vida personal y familiar sana.

Me había reconciliado con ese nuevo nivel de energía, muy bajo, hasta que un sabio amigo, decano de una facultad de medicina y psiquiatra de formación, me sugirió que comprometerme más profundamente en el trabajo podría resultar revitalizante, no agotador, y que sentirme realizada beneficiaría también a mi familia. Necesitaba que mi trabajo tuviera sentido y repercusión.

Dejé el empleo que tenía y me lancé a un nuevo reto: trabajar como investigadora de gestión y *coach* de ejecutivos. A veces trabajaba muchas más horas, pero tenía más control sobre lo que hacía y veía que marcaba la diferencia. Una vez más, me divertía y el trabajo era gratificante. Me sentía renovada y llena de una energía que llevaba a casa todos los días. Dejar el empleo había sido parte de la solución, pero el antídoto real y mucho más sostenible contra el agotamiento era hacer un trabajo que me suponía un reto y que aportaba un valor claro a mis clientes.

Mi investigación sobre las personas que mejor rinden en el lugar de trabajo, así como mi propia experiencia, me han demostrado que el agotamiento no es necesariamente una consecuencia de demasiado trabajo; es más a menudo el resultado de un impacto muy escaso.[1] Después de todo, pocas personas aspiran tan solo a un puesto de trabajo por el nombre, pero prácticamente todo el mundo quiere marcar la diferencia. Esto es lo que puedes hacer (independientemente de tu nivel en la organización) para aumentar tu rendimiento sin tener que trabajar más horas.

Reduce la carga de trabajo fantasma

Nuestra carga de trabajo real solo representa una parte de toda la carga que tenemos que afrontar. Más de la mitad de los encuestados en un estudio afirmaron que su principal fuente de estrés laboral no tenía que ver con la carga de trabajo, sino con factores como los problemas con las personas, la conciliación de la vida laboral y la personal, y la falta de seguridad en el empleo.[2] La convivencia en el lugar de trabajo crea fricciones, y las colaboraciones complejas y las reuniones interminables nos roban tiempo. Según otro estudio, los empleados estadounidenses pasan una media de 2,8 horas a la semana lidiando con conflictos laborales.[3] Estos factores constituyen una carga de trabajo fantasma y agravan el agotamiento.

Puedes contribuir a que el trabajo te sea más llevadero a ti y a los demás evitando estos roces, haciendo que trabajar contigo sea una tarea sencilla. Pero ¿cómo?

Todos conocemos a compañeros de trabajo a los que les gusta el barro. Puede que no fomenten activamente el conflicto; simplemente contribuyen a la situación participando en el barullo y añadiendo ruido. Luego están los colegas con los que es fácil llevarse. El trabajo no es necesariamente más sencillo, pero el proceso se hace más agradable. Levantan el ánimo y fomentan un buen ambiente, lo que reduce el estrés y conduce a momentos de alegría, dos factores que reducen el agotamiento. Así que encuentra tu camino hacia un equipo de personas que hagan el trabajo más fácil y que se alejen del drama. Ese es el lugar más fácil para empezar.

Aumentar el nivel de desafío
(no el volumen) de trabajo

Mi investigación, en la que encuesté a profesionales de diversos sectores, reveló una fuerte correlación entre el «nivel de desafío» y el «nivel de satisfacción» en el trabajo, lo que significa que, a medida que aumenta el grado de desafío en el trabajo, también lo hace la satisfacción laboral.[4] Sin embargo, los datos también mostraron que, cuando un trabajo implica el mayor grado posible de desafío, la satisfacción laboral se estanca, lo que significa que hay un punto óptimo manejable. Asegúrate de contar con la siguiente combinación de retos: proyectos con un impacto visible y un alcance que te inviten a esforzarte, pero que no te hagan sentirte agotado.

Si quieres aumentar el nivel de exigencia sin quemarte, busca formas de flexibilizar el alcance de tu trabajo. Trata el perfil de tu puesto menos como un límite que restringe tus movimientos y más como un campamento base desde el que detectas problemas críticos y buscas oportunidades para hacer una contribución importante. También puedes practicar lo que yo llamo el *sí ingenuo*, que implica aceptar un nuevo reto antes de que tu cerebro te diga que no es posible. Como dijo Richard Branson: «Si alguien te ofrece una oportunidad increíble, pero no estás seguro de poder hacerlo, di que sí ¡y luego aprende a hacerlo!». Por supuesto, no digas que sí a todo; di que sí a los grandes retos y luego crece con ellos.

Negocia los aspectos no tangibles
necesarios para el éxito

Cuando trabajamos en proyectos difíciles plagados de obstáculos imprevistos, a menudo damos por sentado que necesitamos recursos adicionales (presupuesto o personal) para completar el trabajo;

sin embargo, en realidad nuestros mejores recursos son menos tangibles. Al encuestar a profesionales de diversos sectores sobre los recursos que más necesitan para tener éxito, estos seis factores fueron calificados con una importancia similar: (1) acceso a la información, (2) acción por parte de los líderes, (3) *feedback* o *coaching*, (4) acceso a reuniones y personas clave, (5) tiempo y (6) ayuda para establecer la credibilidad. Sin embargo, en todos los sectores, países y grupos demográficos, una cosa siempre aparecía: el presupuesto y el número de empleados ocuparon el séptimo y octavo lugar, los factores menos importantes, y por un margen significativo. No se necesitan tantos recursos como apoyo directivo y cobertura.

Puedes aumentar tu impacto negociando de antemano la orientación, el asesoramiento y el seguimiento que necesitarás. Por ejemplo, siendo una directiva relativamente joven en Oracle, tuve la oportunidad de trabajar con tres altos ejecutivos de la empresa en un programa de desarrollo del liderazgo de gran visibilidad que se desarrollaría a lo largo del año siguiente. Estos ejecutivos participaron plenamente en el desarrollo y la ejecución de la primera sesión. Fue un éxito rotundo, pero me preocupaba que estos ejecutivos tan ocupados se marcharan y yo tuviera que continuar el programa sin su apoyo. Cuando nos reunimos para planificar la siguiente sesión, decidí hablar claro. Le aseguré al presidente que lo daría todo, pero que no tendría éxito sin su participación activa y constante. Le dije: «Si dejas de trabajar en esto, yo también tendré que dejarlo». El presidente hizo una pausa para considerar mi audaz petición y luego dijo con decisión: «Trato hecho». Llamó a su asistente ejecutivo y le dijo: «Durante el próximo año, Liz tiene todo el tiempo que necesite en mi agenda». Siguió plenamente comprometido, nuestro trabajo tuvo un profundo impacto y fue una experiencia enriquecedora para mí.

Comparte la carga del liderazgo

La colaboración interfuncional exige que los colaboradores y directivos de todas las organizaciones estén dispuestos a asumir funciones de liderazgo adicionales. Pero cuando se recurre siempre a las mismas personas para que dirijan tareas de liderazgo adicionales, estas acaban con sobrecarga de trabajo, mientras que otros están siendo infrautilizados. Ambos son perfiles objeto de agotamiento.

Cada vez más, las organizaciones adoptan un enfoque más fluido del liderazgo, que se parece menos a una manada de leones y más a una bandada de gansos. Una bandada de gansos migratorios vuela en una distintiva formación en V, que los científicos estiman que les permite viajar un 71 % más lejos en un período dado que el vuelo en solitario. En esta formación, el ave que encabeza la bandada combate la resistencia del aire, reduciendo la que sufren las aves que vuelan detrás. Al final, el pájaro que va en cabeza se cansa, vuelve a la formación y otro rota para tomar su turno a la cabeza del grupo.

Si eres nuevo en el mundo laboral, no esperes a que te asciendan a un puesto directivo para asumir funciones de liderazgo. Puedes ofrecerte voluntario para encabezar una iniciativa o buscar vacíos de liderazgo en momentos cotidianos y luego intervenir en ellos. Si estás en una reunión en la que no hay un líder claro, ofrécete para facilitar el debate. O si el orden del día no está claro, puedes preguntar simplemente: «¿Qué es lo más importante que debemos lograr durante esta reunión?». Cuando los miembros del equipo pueden entrar y salir de los roles de liderazgo con la misma facilidad, cada miembro tiene la oportunidad de desempeñar un papel importante y todo el equipo experimenta menos fatiga.

Evita la persistencia innecesaria

La obstinada determinación de terminar todo lo que empezamos puede llevarnos a malgastar energía y recursos. Un amigo mío comentó una vez medio en broma que dejó de salir con una mujer cuando se dio cuenta de que estaba pasando tiempo con la futura esposa de otro hombre. Del mismo modo, cuando no podemos desprendernos de proyectos improductivos antes de que terminen, estamos privando a nuestra organización del tiempo y los recursos necesarios para buscar oportunidades de mayor valor. Además, acabar por acabar puede dar lugar a una victoria pírrica en la que el éxito conlleva un peaje tan pesado para los ganadores (y a sus equipos) que la victoria es indistinguible de la derrota. Tras estas batallas quedan compañeros exhaustos y alienados que se muestran reacios a unirse a la siguiente campaña; el agotamiento campa a sus anchas.

En lugar de terminar a toda costa, puede que tengas que reducir las pérdidas dejando pasar algunos proyectos. Si sospechas que estás inmerso en una batalla imposible de ganar o trabajando en prioridades caducas, pregúntate: (1) ¿sigue siendo relevante, dados los cambios en el entorno o el mercado?, (2) ¿sigue siendo importante para la organización y para mis superiores?, (3) ¿es algo en lo que todavía podemos tener éxito, incluso si no lo terminamos? Si las respuestas son negativas, puede que sea el momento de dejarlo pasar. Pero no abandones el trabajo sin obtener el visto bueno de tu(s) superior(es) o de las partes interesadas, y asegúrate de informarles de lo que harás en su lugar para proporcionar un mayor valor, o bien deja que te dirijan cuando asumas un proyecto de mayor prioridad.

• • •

Nuestro trabajo, tanto el real como el fantasma, puede resultar ineludible y agotador. Ofrecernos (y tomarnos) los tan necesarios descansos es un buen comienzo, pero puede que la solución no sea trabajar menos, sino tomar más el control y lograr un mayor impacto en lo que hacemos. Tenemos que mirar más allá del dónde y el cuándo del lugar de trabajo, y centrarnos en el qué y el por qué del trabajo. Cuando aumentamos el impacto por hora trabajada, podemos reavivar ese fuego en nuestro interior. Y cuando el trabajo es una experiencia de acumulación, no de agotamiento, sentimos una sensación de plenitud y propósito que nos alimenta.

Breve resumen

Cuando se trata de agotamiento, es natural suponer que reducir la carga de trabajo es la solución. Pero el agotamiento no es necesariamente una consecuencia de demasiado trabajo; es más a menudo el resultado de demasiado poco impacto. Intenta aumentar tu impacto sin añadir más horas:

- Reduce la carga de trabajo fantasma. El estrés laboral no solo procede de la cantidad de trabajo que se realiza.

- Aumenta el nivel del reto (no el volumen) del trabajo. Busca proyectos con un impacto visible y un alcance que te inviten a esforzarte.

- Comparte la carga del liderazgo. Si eres nuevo en el mundo laboral, no esperes a que te asciendan a un puesto directivo para asumir funciones de liderazgo.

8

Combate el agotamiento por exceso de trabajo con este acrónimo

EMPOWER

por Carson Tate

os días se suceden sin darnos cuenta, las gotas hidratantes para los ojos ya no ayudan con la fatiga de tanto usar Zoom y la idea de abrir eso que parece cualquier cosa menos una bandeja de entrada te da ganas de gritar.

Agobiados, desbordados o simplemente superados por completo, en el último año siete de cada diez trabajadores han sufrido agotamiento.[1]

La Organización Mundial de la Salud reconoció el *burnout* (agotamiento por exceso de trabajo) como un síndrome ocupacional oficial ya en 2019.[2] Se define como el resultado del estrés laboral crónico y se caracteriza por tres cosas:

- Sensación de falta de energía o agotamiento.

- Aumento del distanciamiento mental o escepticismo respecto al trabajo.

- Reducción de la eficacia profesional (improductividad).

El agotamiento es un problema de la empresa, lo que significa que nosotros, como empleados, no somos responsables de resolverlo; sin embargo, no está totalmente fuera de nuestro control. Podemos elegir establecer límites que protejan nuestra salud mental, física y emocional. El reto es que el esfuerzo por hacerlo a menudo se ve eclipsado por un sentimiento de culpa.

¿Se enfadará nuestro jefe si no respondemos a su mensaje de Slack de las nueve de la noche? ¿Pareceremos vagos y egoístas si no trabajamos sesenta horas semanales? ¿Pensarán los miembros de nuestro equipo que estamos desmotivados si nos tomamos una hora entera para comer?

Este tipo de preguntas nos hacen sentir que siempre deberíamos dar más, hacer más y trabajar más. Nos dejamos llevar por la culpa que podríamos sentir si anteponemos nuestras necesidades personales o por el miedo a decepcionar a los demás.

Pero ¿a qué precio?

Cuando nos dan a elegir y seguimos prefiriendo el trabajo a lo que el cuerpo y la mente necesitan —descansos reales, tiempo con los seres queridos, y para descansar y pensar—, acabamos defraudando a la persona más importante: a nosotros mismos.

Por eso es importante aprender a decir no a las voces interiores y empezar a tomar decisiones que den la energía necesaria para hacer el mejor trabajo posible. Antes de responder cuando te requieran la próxima vez, utiliza el acrónimo inglés, EMPOWER para tomar una decisión siguiendo los pasos que se describen a continuación.

Evalúa

Cuando se te ponga la cara colorada y sientas que te va a estallar la cabeza cuando te requieran la próxima vez, respira hondo y evalúa los hechos. Recuerda que un hecho es un acontecimiento real. Es algo que puede demostrarse mediante la observación o la medición. ¿Cuáles son los hechos de esa petición? ¿Cuánto tiempo se requiere? ¿Cuánta preparación es necesaria? Obtén los datos.

Por ejemplo, supongamos que tu jefa te envía un mensaje de Slack a las nueve de la noche del martes y te pide que la acompañes a un acto de contratación de nuevos empleados el lunes siguiente por la noche. Antes de responder, considera los hechos de su petición. El evento comienza a las seis en el vestíbulo del edificio de oficinas donde trabajas y termina a las siete y media. No tienes que prepararte para el evento, por lo que tu inversión total de tiempo sería de noventa minutos.

Mi historia

¿Cuál es la historia que estás contándote a ti mismo sobre esta petición? Una historia es un juicio o una suposición que utilizas para entender por qué te piden que contribuyas a un proyecto o evento. Cuando estamos agotados, solemos atribuir motivos a las personas que nos piden dedicarles tiempo para explicar la lógica de sus acciones. Sin embargo, las historias suelen ser inexactas, porque están impulsadas por nuestras emociones subjetivas. Para tomar la mejor decisión, hay que separar los sentimientos de los hechos.

Siguiendo con nuestro ejemplo anterior, podrías contarte a ti mismo la siguiente historia: «¡Mi jefa enviándome este Slack ahora! ¡Qué raro! No respeta los límites entre la vida laboral y la personal porque espera que todo el mundo esté disponible y trabaje las veinticuatro horas del día, los siete días a la semana, como hace ella». Para separar los hechos de tus sentimientos, relee el mensaje que te envió. ¿Te ha pedido que respondas de inmediato? ¿O estás haciendo suposiciones movido por tus propias ansiedades? Es importante desmentir cualquier falsa versión que te estés haciendo a ti mismo para que puedas tomarte el tiempo necesario de cara a reflexionar sobre tu respuesta.

Prioridades

Una vez que tengas claro qué es realidad y qué no, estarás listo para considerar si merece la pena aceptar o no el requerimiento. Llegados a este punto, es posible que la voz de la culpa te diga que sí, que deberías hacerlo. No le hagas caso. En lugar de eso, detente y evalúa la prioridad de la tarea que te están pidiendo. ¿Cómo se alinea esta petición con tus responsabilidades, los objetivos estratégicos de la organización o tus necesidades personales?

En el caso que nos ocupa en el ejemplo, en este punto querrás determinar si el evento de contratación de nuevos empleados se alinea con uno de los objetivos estratégicos de la organización, así como con tus objetivos profesionales. Por ejemplo, si tu empresa está tratando de contratar a veinte nuevos analistas este año y una de tus prioridades profesionales es establecer relaciones con los líderes de toda la empresa, es posible que te convenga asistir. Sin embargo, si estás más centrado en desarrollar tus habilidades como colaborador individual y crees que ese tiempo resultará más agotador que provechoso, probablemente deberías rechazar la propuesta.

Oportunidades

A continuación, da un paso más y piensa en las oportunidades que puede conllevar aceptar o rechazar la petición. Pregúntate: ¿qué puertas me abrirá esta petición si digo que sí? ¿Me permitirá avanzar en mi carrera, desarrollar una nueva habilidad o entablar nuevas relaciones? ¿O está sacando a la luz algo que requiere más atención en mi vida personal?

Por ejemplo, si asistieras al evento de contratación de nuevos empleados, podrías reforzar tus habilidades para establecer contactos y conocer a líderes de todas las divisiones de la organización. Pero si declinaras la oferta, podrías pasar una agradable noche con los amigos y hacer un trabajo aún mejor en un proyecto que esté alineado con las habilidades y capacidades que deseas desarrollar. Sopesa la relación coste-beneficio de cada decisión y elige la que esté en consonancia con tus objetivos más importantes.

Quién (*who*, en inglés)

¿Quién ha hecho la petición? ¿Cuál es tu relación con esa persona? ¿Qué está en juego en la relación si dices que sí o si dices que no? Responder a estas preguntas te ayudará a encontrar la mejor manera de responder.

Si tu jefa te hace una petición, como en el ejemplo del evento de contratación, y tú decides rechazarla, es posible que tengas que hablar sobre tu decisión con ella. Así podrás explicarte y compartir unos límites saludables sin parecer maleducado.

Podrías decir: «Agradezco la invitación para asistir al acto de contratación, pero es que tengo que entregar tres proyectos esta semana e iba a aprovechar este tiempo para ir avanzando. Por tanto, me gustaría saber cómo puedo ayudarle a usted y a la empresa sin asistir al acto, ¿de acuerdo?».

Por otro lado, si la petición procede de un compañero o amigo del trabajo, puede que haya menos en juego, en cuyo caso puedes explicar respetuosamente por qué te niegas sin necesidad de centrarte en las justificaciones.

Expectativas

Las expectativas son los principios rectores y las ideologías que ponemos en juego para tomar decisiones, y aunque a menudo no resulta obvio llegar a ellas, conviene escarbar un poco en nuestro interior. Pregúntate: «¿Quién ha establecido las normas que influyen en mi decisión de decir sí o no? ¿Qué espera de mí la persona que me hace la petición? ¿Ha establecido claramente esas expectativas?». El objetivo es aclarar y desvincular tus expectativas de las esperanzas de las personas que forman parte de tu vida.

Por ejemplo, si sabes que tu jefe espera que los miembros de tu equipo asistan a los actos corporativos, esto podría cambiar tu forma de responder a su petición. Sin embargo, si te das cuenta de que eres tú quien se fija expectativas poco realistas, puede que te sientas más cómodo y confiado en tu decisión de rechazarla.

Real

Todos tenemos las mismas 168 horas a la semana. Cada vez que dices sí a algo, estás diciendo no a otra cosa. Sé realista sobre las implicaciones de tu decisión. ¿Qué es lo mejor y lo peor que podría pasar si dijeras que sí o que no? Este es un paso final esencial para asegurarte de que has considerado detenidamente las implicaciones positivas y negativas que la decisión tendrá en tu tiempo y energía.

Si dices que sí a asistir al evento, lo mejor que puede pasar es que ayudes a tu promoción profesional. Si dices que no, lo peor que puede pasar es que tu jefe cuestione tu lealtad, pero recuerda que también hay formas de expresarte y evitar potencialmente este resultado. Al fin y al cabo, es tu decisión y debes establecer los límites que te parezcan correctos y adecuados.

• • •

La culpa y los «debería...» nos llevan a comprometernos en exceso, y cuando lo hacemos, la calidad del trabajo y la vida se resienten. No dejes que el trabajo te afecte en la vida. Evita que los «debería...» socaven tus decisiones y sigue los pasos del acrónimo EMPOWER en tus elecciones desde hoy mismo.

Breve resumen

El agotamiento es un problema de la empresa en la que trabajas y los empleados no son responsables de resolverlo. Aun así, podemos elegir establecer límites que protejan nuestra salud mental, física y emocional. Antes de responder a la próxima petición que te hagan, utiliza el acrónimo EMPOWER para tomar tus decisiones:

- **Evalúa.** La próxima vez que alguien te haga un requerimiento, respira hondo y evalúa los hechos.

- **Mi historia.** ¿Qué historia te estás contando a ti mismo? A menudo atribuimos motivos a las personas que nos piden algo para explicar la lógica de sus actos. Separa los sentimientos de los hechos.

- **Prioridades.** Detente y evalúa la prioridad de la tarea que se te pide.

- **Oportunidades.** Piensa en las oportunidades que puedes obtener si aceptas o rechazas la solicitud.

- **Quién (*who*, en inglés).** ¿Quién ha hecho la petición? ¿Qué está en juego si dices que sí o que no? Responder a estas preguntas te ayudará a encontrar la mejor respuesta.

- **Expectativas.** ¿Las normas de quién influyen en tu decisión de decir sí o no? El objetivo es aclarar y desvincular tus expectativas de las de la persona que te hace el requerimiento.

- **Real.** Cada vez que dices sí a algo estás diciendo no a otra cosa. Sé realista sobre las implicaciones de tu decisión.

¿Tu estrés laboral es percibido o circunstancial?

Empieza por examinar tus expectativas

por Brendan P. Keegan

Hace poco fui a cenar a un restaurante. Estaba claro que el camarero tenía demasiadas mesas a su cargo y se esforzaba por atenderlas todas. Ya fuera por falta de personal o porque uno de sus compañeros estaba enfermo, se me ocurrió que, ese día en concreto, su trabajo era más estresante que el mío.

Me hizo estar agradecido por el día de trabajo que había tenido (aunque me había parecido estresante hasta entonces) y me cambió la perspectiva.

Todos nos quejamos de estrés laboral: según el informe de Gallup *State of the Global Workplace*, el estrés entre los trabajadores de todo el mundo alcanzó su máximo histórico en 2021.[1] Y algunos trabajos son legítimamente estresantes: pensemos en los médicos de urgencias, bomberos, enfermeros, trabajadores sociales y otras personas que responden a situaciones de emergencia.

Pero la experiencia con el camarero me hizo pensar en el papel que desempeña mi propia percepción en los niveles de estrés que sufro. El psicólogo clínico Richard Lazarus afirma que el estrés laboral no tiene que ver únicamente con la situación o la persona; más bien se trata de cómo interactúan la situación y la persona.[2]

Por ejemplo, supongamos que eres un especialista en inventario de almacén o un asociado de ventas y una de las personas de tu equipo, que procesa los pedidos de los clientes, llama para decir que está enferma. El hecho de que tengas que asumir la carga de trabajo y gestionar más pedidos de lo habitual puede cambiar tu percepción y hacer que veas tu trabajo como más estresante porque estás comparando tu nueva carga de trabajo con aquella a la que estás acostumbrado. Tu nivel de estrés también puede aumentar al preocuparte por cumplir las nuevas expectativas derivadas de la ausencia del miembro de tu equipo.

Aunque no puedes revertir la situación que te causa estrés, la buena noticia es que puedes gestionar tu percepción examinando y cuestionando de forma intencionada cómo ves tu trabajo. Aquí tienes tres formas de replantear tu perspectiva:

Evalúa si tus expectativas son realistas

Todos albergamos expectativas que aumentan el estrés que sentimos y la percepción que tenemos acerca de lo duro que es nuestro trabajo. Pensemos en trabajar desde casa o en la oficina. Una persona que trabaja desde casa puede percibir que su trabajo es más estresante porque está más aislada y emplea el tiempo que habría empleado en desplazarse para hacer más tareas. Una persona que trabaja en la oficina podría percibir su trabajo como más estresante porque piensa que la persona que trabaja desde casa tiene más flexibilidad y no tiene que hacer frente a un desplazamiento diario. Del mismo modo, supongamos que los empleados suelen terminar una tarea determinada en ocho horas. Un trabajador puede sentirse estresado si la tarea le lleva más de diez horas debido a su propio ritmo.

Lo primero que hay que hacer es buscar el origen de sus expectativas. ¿Dónde se originaron? ¿Qué les dio forma? Comprender esto puede ayudarte a hacer una pausa y cuestionar de manera consciente tus puntos de vista y los sentimientos —incluido el estrés— que se derivan de ellos.

Siempre recordaré el primer día de mi carrera, cuando el presidente de la empresa dijo que no se promociona al mejor empleado, sino al más conocido. Me sorprendió. Eso no era lo que me habían enseñado. Pero me paré a pensar por qué iba en contra de mis expectativas. Factores como mi infancia, mi educación y mi formación probablemente influyeron en lo que creía. Eso no significaba que lo que yo creía estuviera mal, pero tampoco que el presidente estuviera equivocado. Él había tenido sus propias experiencias empresariales que lo llevaron a pensar en los ascensos de una manera diferente y, en aquel momento, él contaba con mucha más experiencia que yo. Así que, en lugar de sentirme decepcionado por el hecho de que no se cumplieran mis expectativas, opté por reconocer la perspectiva del presidente. Desde entonces, no se me ha olvidado.

Habla con colegas que parezcan controlar el estrés

Para establecer expectativas más realistas, puedes pedir a quienes te rodean que te ayuden. Empieza por buscar a personas que parezcan afrontarlo bien. Pregúntales si estarían dispuestas a compartir sus ideas, perspectivas o estrategias que les ayudan a gestionar las expectativas y a mantener una actitud positiva cuando no se cumplen.

Por ejemplo, puedes preguntar a esos compañeros de trabajo que parecen desenvolverse bien si puedes acompañarlos durante unas horas. El seguimiento laboral te permite observar cómo trabajan los demás y plantearte nuevos enfoques en los que quizá no habías pensado. Es posible que puedas poner en práctica en tu propio trabajo los nuevos hábitos o prácticas positivas que veas, como hacer pausas más frecuentes, elaborar determinadas plantillas o aplicar modelos operativos más eficaces. Este tipo de seguimiento también te ayuda a hacer comparaciones más realistas de lo que te espera en comparación con los demás. Así eres testigo directo de lo que viven los demás, en lugar de basarlo todo en suposiciones, con lo que eliminas expectativas poco realistas de las personas con las que trabajas y de tu propio trabajo.

Lo más importante es que no existe una fórmula exacta para aliviar el estrés de una persona. Si el método de otra persona no te funciona o no te atrae, no pasa nada. De lo que se trata es de recoger algunas recomendaciones y exponerte a posibles soluciones, que irás probando.

Practica la gratitud y fortalece las relaciones

Nuestro cerebro está programado para ver lo negativo que nos rodea, lo que nos ayuda a mantenernos a salvo y evitar problemas. Sin embargo, con el tiempo es fácil que esta tendencia nos haga mostrarnos como seres quisquillosos y encontremos errores en cada pequeño detalle. Practicar la gratitud de forma intencionada entrena de manera gradual al cerebro para ver más cosas buenas, haciendo que tu visión del trabajo sea más equilibrada y precisa. Con ese equilibrio, quizá puedas reducir el nivel de estrés al que estás expuesto.

Tómate unos minutos antes de empezar la jornada laboral para anotar lo que te apetece hacer y lo que agradeces. Puede ser algo tan sencillo como dar las gracias por el café que tanto te ha gustado o por lo corto que es el trayecto al trabajo.

Mientras practicas la gratitud, piensa en las personas que te rodean. Si estás agradecido por algo que han dicho o hecho, díselo. Tender la mano de este modo puede tener una poderosa influencia y fortalecer tus relaciones, y las relaciones fuertes tienen un efecto protector sobre el bienestar. Un estudio demostró que, en EE. UU., una mayor calidad de las relaciones disminuye la probabilidad de que los factores estresantes, cuando están presentes, den lugar a síntomas depresivos.[3] Teniendo en cuenta este efecto, cuando los trabajadores se sienten mejor, también suelen ser capaces de manejar una mayor variedad de tareas en el trabajo. Esa capacidad para abordar las responsabilidades con seguridad y de la manera adecuada puede influir en cómo perciben los empleados su papel.

● ● ●

Cuando piensas en tus niveles de estrés laboral, puede resultar tentador suponer que la situación de las personas que ocupan otros puestos es mucho mejor. Sin embargo, la realidad es que los trabajos no son ni más difíciles ni más fáciles, simplemente son diferentes. Que tu trabajo te genere o no un estrés excesivo puede ser una percepción personal. Las presiones de un trabajo pueden influir en tu experiencia en el puesto, pero recuerda que puedes hacer algo para gestionarlas.

Breve resumen

El estrés laboral no tiene que ver únicamente con la situación o la persona; más bien se trata de cómo interactúan la situación y la persona. Aunque no siempre puedes cambiar la situación que te lo causa, la buena noticia es que puedes controlar tu percepción examinando y cuestionando de manera intencionada cómo ves tu trabajo:

- Evalúa si tus expectativas son realistas y, a continuación, haz una pausa y cuestiona de manera consciente tus opiniones y los sentimientos —incluido el estrés— que se derivan de ellos.

- Habla con compañeros que parezcan estar gestionando bien el estrés.

- Practica la gratitud y fortalece tus relaciones.

Tres tipos de agotamiento por exceso de trabajo y cómo superarlos

Encuentra soluciones específicas

por Melody Wilding

Tómate un momento para imaginarte a una persona afectada por el exceso de trabajo. Es probable que visualices a alguien que está sobrecargado y abrumado, ahogado por múltiples exigencias y prioridades contrapuestas.

Pero el agotamiento tiene muchos más matices que el simple hecho de estar ocupado y cansado.

Durante años se creyó que todo el mundo reaccionaba al estrés laboral crónico de la misma manera, pero las investigaciones han revelado que este tipo de agotamiento se manifiesta de distintas maneras, en función del entorno laboral de la persona, así como de sus recursos internos, incluida la dedicación a su trabajo y los mecanismos de afrontamiento.[1]

Veamos con más detalle los tres tipos de agotamiento por exceso de trabajo y cómo superar cada uno de ellos.

Agotamiento por sobrecarga

El agotamiento por sobrecarga se produce cuando se trabaja más y de forma más frenética para alcanzar el éxito, a menudo en detrimento de la salud y la vida personal. Este es el tipo de agotamiento con el que la mayoría de la gente está familiarizada y también el más común.

El agotamiento por sobrecarga suele afectar a empleados muy dedicados que se sienten obligados a trabajar a un ritmo insostenible. Como resultado, se agotan física y mentalmente.

Los profesionales que lo sufren tienden a afrontarlo desahogando sus emociones con los demás (por ejemplo, quejándose de lo cansados y agobiados que están). Este perfil de empleado suele lanzarse a la resolución de problemas, creándose de esta forma más trabajo y responsabilidad, lo que no hace sino incidir en el estrés que sufre.

Señales que hay que vigilar

- Pasas por alto tus propias necesidades o tu vida personal para cumplir con las exigencias del trabajo.

- Inviertes más de lo saludable en tu compromiso con tu carrera o tus ambiciones.

- Pones en peligro tu bienestar para lograr tus objetivos.

Cómo abordarlo

Los investigadores señalan que el agotamiento por sobrecarga se subvierte en dos frentes. En primer lugar, es importante desarrollar habilidades de regulación emocional más sólidas, como nombrar y procesar las emociones, y replantear el discurso negativo. Por ejemplo, puedes cambiar la creencia de que necesitas trabajar todo el tiempo para tener éxito por la de «disfrutar de mi vida, hecho que me ayuda a tener más éxito en el trabajo». Al fin y al cabo, descansar no es un premio al éxito, sino un requisito previo para el rendimiento.

En segundo lugar, es crucial separar la autoestima del trabajo. «En consecuencia, aprendiendo a mantener cierta distancia con el trabajo —apuntan los investigadores Jesús Montero-Marín y Javier García-Campayo—, los empleados podrían evitar una implicación excesiva y evitar el agotamiento en el trabajo».[2]

Esfuérzate por ampliar tu identidad —crear una especie de yo interior más complejo— invirtiendo en distintas áreas de tu vida más allá del trabajo. Puede que decidas dedicar tiempo a tu papel de cónyuge, progenitor o amigo. Durante la pandemia, uno de mis clientes recuperó parte de su antigua identidad renovando su licencia de piloto. El voluntariado con la Patrulla Aérea Civil resultó ser una saludable forma para alejarse de su ordenador, al tiempo que contribuía a su sensación de bienestar.

Agotamiento por falta de desafíos

Puede que te sorprenda descubrir que el agotamiento puede ser el resultado de hacer demasiado poco. El agotamiento por falta de desafíos podría considerarse el contrario al anterior. Se produce cuando uno se aburre y no se siente estimulado por su trabajo, lo que conduce a una falta de motivación. Las personas que padecen este tipo de agotamiento pueden sentirse infravaloradas y frustradas porque su trabajo carece de oportunidades de aprendizaje, de posibilidades de crecimiento o de una conexión significativa con sus compañeros y con los superiores.

Los trabajadores que sienten que sus tareas son monótonas e insatisfactorias tienden a perder la pasión, a volverse escépticos y a mostrar cierta pasividad. Afrontan el estrés de sentirse poco desafiados mediante la evitación-distracción, la disociación o la supresión del pensamiento (por ejemplo, diciéndose a sí mismos que deben dejar de pensar en eso).

Señales que hay que vigilar

- Te gustaría trabajar en tareas que supongan un mayor reto.

- Sientes que el trabajo que desempeñas no te ofrece oportunidades para desarrollar tus capacidades.

- Sientes que tu función actual está obstaculizando tu capacidad para avanzar y desarrollar todos tus talentos.

Cómo abordarlo

Cuando estás desmoralizado, puede resultar difícil que algo te importe. Trata simplemente de explorar tus curiosidades. Ponte el objetivo de aprender una nueva habilidad en los próximos treinta días para poner en marcha tu motivación. Empieza poco a poco y no te agobies. Quizá dediques una o dos horas a la semana a aprender a programar o veinte minutos al día a aprender un nuevo idioma.

Avanzar hacia algo que te resulte divertido y significativo crea un impulso que puede sacarte del estancamiento. Incluso si la habilidad no está directamente relacionada con tu trabajo, es probable que la energía positiva revigorice tu pasión por el trabajo o que haga de alguna forma que tu carrera avance en una nueva dirección.

También puedes probar a buscar trabajo para sustituir el que tienes por el que quieres. Una vez más, la clave está en dar pequeños pasos. Centrarse en cambios graduales puede dar grandes resultados. Un ejemplo es el de mi clienta Alice, jefa de gestión de productos. A medida que avanzaba la pandemia, se sentía cada vez menos valorada en su función, que consistía sobre todo en gestionar el rendimiento del equipo. Así que le asigné una tarea: durante dos semanas tenía que hacer un seguimiento de las tareas que le generaban más motivación con los clientes. Surgió un patrón claro: hablar con los clientes le entusiasmaba, al igual que resolver problemas de flujo de trabajo. Su jefe se quedó asombrado cuando Alice le propuso un nuevo proyecto de investigación que combinara esas habilidades para innovar el producto principal de la empresa.

Agotamiento por negligencia

El último tipo de agotamiento es el que conlleva un desgaste. Puede ser el resultado de sentirse impotente ante los retos. El agotamiento por negligencia se produce cuando no se da suficiente estructura, dirección u orientación en el lugar de trabajo. Si lo sufres, puede resultarte difícil seguir el ritmo de las exigencias o sentirte incapaz de cumplir las expectativas. Con el tiempo, esto puede hacerte sentir incompetente, frustrado e inseguro.

Este trabajador hace frente a la situación mediante una forma de indefensión aprendida, que se produce cuando una persona se siente incapaz de encontrar soluciones a situaciones difíciles, incluso cuando hay algunas disponibles. En otras palabras, las personas con indefensión aprendida tienden a sentirse incapaces de cambiar positivamente sus circunstancias. Cuando las cosas en el trabajo no salen como deberían, las personas con desgaste por negligencia adoptan una actitud pasiva y dejan de intentarlo.

Señales que hay que vigilar

- Dejas de intentarlo cuando las situaciones laborales no salen según lo previsto.

- Te rindes en respuesta a los obstáculos o contratiempos a los que te enfrentas en el trabajo.

- Te sientes desmoralizado cuando te levantas por la mañana y piensas en que tienes que enfrentarte a otro día de trabajo.

Cómo abordarlo

Busca formas de recuperar tu faceta más activa. Intenta crear una lista de cosas que no tienes por qué asumir. ¿Qué puedes quitarte de encima delegando o aplazando? Busca tareas a las que puedas decir no y trabaja la habilidad de establecer límites más firmes. Un buen punto de partida es identificar las situaciones ante las que te invade un intenso resentimiento. Es una señal emocional de que necesitas poner límites más sanos.

Del mismo modo, considera la posibilidad de hablar con tu jefe sobre tu carga de trabajo. Puedes explicarle cómo empleas el tiempo actualmente y preguntarle: «¿Coinciden mis prioridades con las suyas? ¿Qué le gustaría que cambiara?». O bien, coméntale: «Si pudiera quitarme de encima el proyecto A, tendría más tiempo para centrarme en las prioridades estratégicas de nuestro equipo y, en última instancia, cumplir los objetivos clave que hemos evaluado». Tu jefe estará encantado de que pienses en el panorama general y tomes la iniciativa.

Y, lo que es más importante, céntrate en lo que puedes controlar. Fuera del horario de oficina, dedícate a cuidarte. Crea rutinas y rituales que te sirvan de base, como un paseo o escribir un diario. Cuando te sientas impotente ante las mareas cambiantes del trabajo, es esencial que haya algo de previsibilidad.

• • •

Dado que las personas no se agotan exactamente de la misma manera ni por las mismas razones, es importante identificar el tipo de agotamiento al que te enfrentas. Incluso puede que se trate de una mezcla de varios tipos al mismo tiempo. Determinar en qué punto te encuentras facilita la búsqueda de soluciones específicas para resolver los retos concretos que tienes por delante.

Breve resumen

Las personas no se queman de la misma manera ni por las mismas razones, por eso es importante identificar el tipo de agotamiento que sufres. Puede que incluso te enfrentes a una mezcla de varios tipos al mismo tiempo:

- El agotamiento por sobrecarga se produce cuando se trabaja más y de forma más frenética para alcanzar el éxito, a menudo en detrimento de la salud y la vida personal.

- El agotamiento por falta de desafíos es el resultado de hacer demasiado poco.

- El agotamiento por negligencia es el resultado de sentirse impotente ante los retos.

- Cada tipo tiene sus propios signos que hay que vigilar, así como formas de superarlo.

Hacer que tu lista de tareas trabaje para ti

Cómo decir no al trabajo extra
Rechaza tareas con elegancia

por Vasundhara Sawhney

Piensa en una de tus jornadas laborales al uso. ¿Cuántas de tus tareas encajan perfectamente en la descripción de tu puesto? Déjame que responda yo antes.

Como editora, mis principales responsabilidades son escribir y editar textos, analizar las investigaciones y las tendencias empresariales, pensar en la estrategia de contenidos de la empresa a largo plazo y encontrar a nuevos autores en todo el mundo. ¿Qué suelo hacer a lo largo del día? Aparte de mis tareas principales, ayudo a mis colegas a redactar correos electrónicos importantes para los clientes, reviso material de *marketing* para próximos proyectos o eventos, asisto a reuniones de estrategia empresarial, soy tutora de becarios, a veces trabajo en equipos multifuncionales que necesitan experiencia editorial y ocasionalmente planifico reuniones o actividades para fomentar el espíritu de equipo. Ninguna de estas actividades no esenciales forma parte de la descripción del puesto que ocupo.

A menudo no me importa hacer trabajo adicional, sobre todo si contribuye a los objetivos de la organización de forma significativa, pero, de vez en cuando, incluso cuando el trabajo es interesante o abre la puerta a nuevas oportunidades, simplemente no tengo suficiente disponibilidad material o espacio mental para asumirlo. ¿Te sientes identificado?

En estas situaciones, hay una forma correcta y otra incorrecta de rechazar tareas, ya sea ante tu jefe, tu colega o un compañero. En lugar de contestar o ponerte a la defensiva, puedes ser reflexivo, explicar tus razones y evitar ganarte enemigos por el camino. Se trata de una habilidad fundamental, sobre todo para los trabajadores recién incorporados, que pueden carecer de la experiencia, la confianza o el lenguaje necesarios para decir que no, por lo que a menudo acaban sintiéndose agotados y con exceso de trabajo.

Si te cuesta decir que no en el trabajo, aquí tienes algunos ejemplos que te ayudarán.

Razónalo

¿Eres nuevo en el trabajo? Ten cuidado con cómo rechazas las propuestas o peticiones de tus compañeros. La gente aún no ha tenido la oportunidad de conocerte, por lo que pueden hacer suposiciones negativas sobre tu personalidad o tu ética laboral si respondes a su petición con un no demasiado directo. Protege tu reputación explicando claramente por qué crees que no puedes aceptar la tarea.

En lugar de decir: «Karla, ya tengo demasiado trabajo como para asumir un nuevo proyecto. No puedo hacerlo. Lo siento».

Inténtalo con esto: «Karla, con mi carga de trabajo actual, no creo que pueda cumplir las expectativas que tienes para este proyecto. Si crees que soy la persona más indicada para el trabajo, me encantaría sentarme contigo y echar un vistazo a mi agenda y prioridades actuales. ¿Te parece bien?».

Sé diplomático, pero sincero

A veces nos comprometemos demasiado, sin darnos cuenta de que podría surgir un conflicto en el futuro. Puede que hace unos meses dijeras que sí a una oportunidad apasionante, pero no tuviste en cuenta otros compromisos profesionales que requerirían más tiempo. O puede que no previeras que otro proyecto se prorrogaría. Dejar de comprometerse es duro, pero debe hacerse con elegancia. Intenta ser claro, asertivo y, sobre todo, reflexivo.

En lugar de decir: «Zahir, sé que me comprometí a estar en el comité, pero lo siento. No creo que pueda. Tengo demasiadas otras cosas por hacer».

Inténtalo con esto: «Cuando dije que podía unirme al comité el mes pasado, creía de verdad que tenía disponibilidad y que era capaz de hacer un gran trabajo. Pero ahora, al echar un vistazo más de cerca a mi agenda, me he dado cuenta de que tengo varios compromisos profesionales que no puedo retrasar. Esto significa que no podré participar. Sigo pensando que es una gran oportunidad y, de hecho, me encantaría participar en el futuro».

Trata de ver las oportunidades

A veces enfermamos o nos ausentamos por motivos personales. Lo mismo les ocurre a nuestros colegas. Cuando esto sucede, es posible que te pidan asumir algunas tareas extra. Si te encuentras en una situación en la que te piden que sustituyas a un compañero y no tienes la experiencia o los conocimientos necesarios para atender la petición con rapidez y seguridad, no la rechaces inmediatamente. El no debe reservarse solo para aquello que no se puede hacer bajo ninguna circunstancia.

Considera si estás rechazando la tarea por miedo; si es así, intenta replantearla como una oportunidad de desarrollo.

En lugar de decir: «Lo siento, eso está fuera de mis habilidades. No podré ofrecer los resultados que se esperan».

Inténtalo con esto: «Este tipo de trabajo me es nuevo, pero si aceptas darme un poco más de tiempo para poder aprender, me encantaría intentarlo».

Explica por qué interesa a todos

A veces se te presentarán oportunidades de trabajar con otros equipos que pueden ayudarte a comprender mejor otras partes de la empresa. Si quieres ser directivo, estas oportunidades pueden ayudarte a desarrollar habilidades y relaciones que te hagan progresar en tu carrera. Este trabajo puede ser difícil de rechazar, pero tienes que pensar en cómo os afectará, tanto a ti como a tu equipo, decir que sí. Si una tarea te desvía de tus principales responsabilidades o pone en peligro tu capacidad para realizar un trabajo de alta calidad sin la ventaja de aprender o establecer relaciones, probablemente sea mejor rechazarla.

En lugar de decir: «Lo siento, esto no es responsabilidad de mi puesto y tengo demasiadas cosas por hacer ahora mismo».

Inténtalo con esto: «Parece una gran oportunidad, pero somos un equipo pequeño. Si dedicara cinco horas a la semana a actividades de *marketing*, nos veríamos desbordados en las fechas clave de lanzamiento de nuestros productos y mi equipo se resentiría. En cualquier caso, gracias por pensar en mí. Me encantaría aprender más sobre *marketing* y espero que me tengan en cuenta cuando surja otra oportunidad».

Breve resumen

No siempre tendrás suficiente disponibilidad o espacio mental para asumir más trabajo. Ante estas situaciones, hay una forma correcta y otra incorrecta de rechazar las tareas, tanto si la persona que te lo pide es tu jefe, un colega o un compañero:

- En lugar de contestar o ponerte a la defensiva, puedes ser reflexivo, explicarte y evitar ganarte enemigos por el camino.

- Sé diplomático pero sincero. No comprometerse es difícil, pero debe hacerse con elegancia. Intenta ser claro, asertivo y, sobre todo, reflexivo.

- Reformula la tarea como una oportunidad de desarrollo, pero fija las expectativas desde el principio.

- Explica por qué rechazar una oportunidad que se te ha ofrecido es bueno para todos.

¿Te preguntas cómo decirle no a tu jefe ante una petición no demasiado acertada? Mira este vídeo para aprender a hacerlo:

Deja de intentar gestionar el tiempo

Protege tu energía

por Amantha Imber

Para todos nosotros 2020 fue un año intenso, pero para la cofundadora de Adore Beauty, Kate Morris, el trabajo fue especialmente estresante. No solo estaba dirigiendo uno de los mayores negocios minoristas en línea de Australia durante una pandemia, sino que también estaba preparando la salida a bolsa de su empresa.

«Recuerdo que miré el plan de acción que habían creado nuestros banqueros —me dijo Morris—. Y les dije: "Tiene que haber un error, porque me tenéis en llamadas consecutivas de Zoom durante doce horas al día, todos los días durante semanas". Se limitaron a asentir y dijeron que era lo habitual en una situación así».

Morris supo entonces que la clave para superar este período sin que su salud mental se viera afectada sería gestionar la energía: no podía hacer nada con respecto al tiempo, pues ya estaba decidido.

Su *coach* empresarial le aconsejó que volviera a su propósito. ¿Qué quería conseguir realmente con esta salida a bolsa? La respuesta estaba clara: quería que fuera el mejor caso de la historia en Australia, dirigido además por una fundadora y consejera delegada. Para Morris, se trataba de hacer historia.

El *coach* de Morris la animó a escribirlo en un lugar donde *pudiera verlo bien*. «Lo puse en una nota adhesiva en la parte inferior del monitor de mi ordenador, ya que iba a estar frente a él durante doce horas al día. La nota decía: *"Haciendo historia"*».

Incluso cuando hacía exactamente la misma presentación por enésima vez un mismo día, ver esas palabras le recordaba por qué lo hacía: «Me ayudaba a que cada presentación fuera nueva, como si se tratara de la primera vez».

Este es solo uno de los muchos consejos para gestionar la energía que he aprendido entrevistando a gente para mi pódcast: si sientes que estás flaqueando, conecta con tu propósito. Puede tratarse del propósito general de tu carrera (por qué has elegido la profesión que ejerces) o de un micropropósito (qué te motiva a hacer un gran trabajo en un proyecto o tarea). Pero no te quedes ahí. Escríbelo y déjalo a la vista para que te sirva de recordatorio visual constante de por qué haces lo que haces, sobre todo cuando las cosas resultan agotadoras o estresantes.

Esa nota puede darte el impulso que necesitas para pasar el día.

Si quieres algunos consejos más, aquí comparto contigo otros que he aprendido de mis invitados para ayudarte a remontar cuando te sientes bajo de energía.

Crea un «muro de ánimo»

A pesar de haber competido en varios maratones y competiciones Ironman a lo largo de su vida, la escritora y directora ejecutiva Holly Ransom, que en su día había sido becaria Fulbright, pasa mucho tiempo sentada en su escritorio. Para ser una persona acostumbrada a correr muchos kilómetros cada semana, el estancamiento es agonizante. Para ayudar a gestionar sus altos niveles de energía en el transcurso de la pandemia, durante la cual pasó más de 250 días encerrada en Melbourne, Ransom creó un muro de ánimo.

En el despacho de su casa, Ransom dispuso en el alféizar de la ventana las tarjetas que las personas más importantes de su vida le habían enviado a lo largo de los años. «Contienen mensajes de apoyo. Probablemente un par de veces a la semana leo una o dos al azar, pero en ocasiones me acerco a propósito a leerlas».

Las tarjetas le recuerdan a Ransom por qué hace lo que hace cada día. Le dan energía cuando se siente agotada y le ayudan a superar algo con lo que todos nos enfrentamos, el *sesgo de negatividad*, es decir, la propensión que mostramos a dar más importancia a la información negativa que a la positiva. En el fondo, los seres humanos somos unos aguafiestas y, cuando sufrimos contratiempos o recibimos comentarios negativos en el trabajo, esto tiene un gran impacto en nuestros niveles de energía.

En tu propio espacio de trabajo, piensa en cómo crear un muro de ánimo. Puede ser físico, como el de Ransom, o digital, como una carpeta en tu escritorio que contenga correos electrónicos alentadores, información relacionada con premios, comentarios positivos o incluso memes que te hagan reír. Los científicos han descubierto que inducir un estado de ánimo positivo tiene muchos beneficios, como la mejora del bienestar y la felicidad general.[1]

Elimina pequeños problemas recurrentes

En su exitoso libro *A contracorriente*, Dan Heath escribió sobre una molestia habitual en su vida. Heath pasa mucho tiempo escribiendo en cafeterías, y parte de este ritual consiste en sacar el cable de alimentación del maletín, enchufarlo y, al volver a su despacho, volver a sacarlo, enchufarlo, etc.

«Tengo un montón de cables alrededor de mi escritorio. Siempre es un poco molesto. Pero me pareció una de esas cosas que no se pueden cambiar», dice.[2]

Mientras escribía *A contracorriente*, Heath empezó a pensar en cómo resolver mejor los problemas yendo a la causa. De repente se le ocurrió que podía ahorrarse tiempo y energía simplemente comprando un segundo cable de alimentación para llevarlo en la bolsa del portátil y guardando el cable original en la oficina.

La solución era bastante sencilla. ¿Por qué tuvo que escribir un libro sobre resolución de problemas para descubrirla?

Heath me dijo que se debe a una fuerza llamada *tunneling*, acuñada por Eldar Shafir y Sendhil Mullainathan. Cuando tenemos recursos cognitivos (o capacidad cerebral) limitados debido al estrés, adoptamos una visión de túnel —de ahí el nombre— y perdemos oportunidades de identificar y resolver problemas. Sobre todo cuando nos ocupamos de uno o dos grandes problemas (como una pandemia mundial), nuestro potencial cerebral disminuye y tenemos menos capacidad mental para ocuparnos de otras cosas.

En el contexto del problema del cable de alimentación, podemos verlo así: cuando nos enfrentamos a varios problemas relevantes en nuestra vida, irónicamente no tenemos capacidad para resolver los más pequeños. En consecuencia, tendemos a adoptar un pensamiento reactivo a corto plazo.

Para escapar de la trampa del *tunneling*, date un poco de margen, ya sea en forma de tiempo o recursos. Por ejemplo, ¿hay algún proceso sencillo que realizas regularmente, (presupuesto, pago de facturas) que pueda automatizarse con un programa informático? ¿Hay correos electrónicos estándar que escribes una y otra vez, y para los que podrías crear una plantilla? Todas estas pequeñas tareas consumen energía. Encontrar y eliminar estas molestias recurrentes te ayudará a liberar el tiempo y los recursos que necesitas para ocuparte de las cosas más importantes de tu vida.

Crea una lista de cosas que dejar de hacer

Rachel Botsman es una experta de renombre mundial en confianza y tecnología, e investigadora sobre estos asuntos en la Universidad de Oxford. Antes de la pandemia, Botsman había escrito durante varios años una lista anual de «cosas que dejar de hacer». El propósito de la lista era reflexionar sobre todo aquello que quería hacer de otra manera. Pero durante el primer confinamiento por la COVID, siguió este ritual mensualmente.

«Gran parte de nuestra vida está programada para añadir tareas y compromisos —me dijo Botsman—. No nos enseñan a quitar cosas».

Para superar la sensación de lista interminable de tareas pendientes, Botsman reserva un tiempo el último viernes de cada mes para pensar qué quiere dejar de hacer en su trabajo.

«Me doy una hora entera para pensarlo y reflexionar sobre la lista del mes anterior. ¿Con qué me he quedado? ¿Qué me ha costado conseguir? ¿Por qué? ¿Qué patrón puedo romper?». Este proceso ha hecho que Botsman sea más consciente de dónde focaliza su energía y le ayuda a centrarse en el trabajo que más le importa.

Cuando pienses en tu lista de «cosas que dejar de hacer», ten en cuenta todo aquello que estás haciendo actualmente y que está absorbiendo tu energía. Puede que haya ciertas personas a las que decidas no ver, ciertos hábitos que quieras abandonar o proyectos que ya no te sirven para crecer en el trabajo. Lamentablemente, también puede haber algunas cosas que quieras dejar, pero que no puedas en esta etapa de tu carrera. No te obsesiones con eso; concéntrate en todo aquello que está bajo tu control.

• • •

Con las crecientes exigencias laborales y el sinfín de cosas que hay que hacer sí o sí, no siempre somos capaces de gestionar bien el tiempo. Este es un recurso finito y no se puede estirar. Pero la energía es distinta. Utiliza las estrategias aludidas para preservar tu bienestar y darte la chispa que necesitas cuando te sientas decaído.

Breve resumen

Con las crecientes exigencias en el trabajo y el sinfín de cosas por hacer, puede que no siempre seamos capaces de gestionar el tiempo, un recurso finito que no se puede estirar. Pero la energía es un caso distinto. Hay formas de darse a uno mismo el empujón que se necesita cuando te sientes decaído:

- Escribe tu principal propósito en una nota adhesiva. Ponla a la vista en el escritorio como recordatorio constante de por qué haces lo que haces.

- Crea un «muro de ánimo» para mirarlo cuando necesites recargarte de energía o te sientas agotado.

- Elimina las tareas innecesarias que realizas con regularidad y que más te consumen.

- Crea una lista de cosas que ya no te sirven para crecer en el trabajo.

Tres formas prácticas de ser más productivo
Vive acorde con tu agenda

por Ian Daley

Al principio de mi carrera empresarial, era un experto en responder correos electrónicos al instante y estar al cabo de la multitud de solicitudes que recibía de colegas, proveedores y, a decir verdad, de cualquiera que tuviera mi dirección de correo electrónico. Sentía una extraña satisfacción que derivaba del poder que ejercía a través de la bandeja de entrada. Me sentía totalmente al mando de todo.

Corría el año 2009 y, como representante de ventas farmacéuticas recién incorporado, creía que esta actitud era un indicador de éxito. Hasta cierto punto, me sirvió. Era muy atento con los clientes, mi equipo me consideraba un empleado de confianza y podía cumplir cualquier petición puntual de la oficina central.

Ese éxito alimentó mi falsa creencia de que, cuando algo funciona una vez, seguirá haciéndolo en todo momento. Como recién licenciado, al principio de mi carrera era fácil caer presa de este pensamiento. Había empezado con muy buen pie. No fue hasta unos años más tarde, cuando me ofrecieron un puesto directivo y aumentaron las responsabilidades que tenía, cuando me di cuenta de lo erróneo que había llegado a ser mi planteamiento de «estar siempre conectado».

En pocas palabras, observé que muchos líderes de éxito hacían exactamente lo contrario de lo que yo hacía: creaban límites claros en torno a su tiempo y su espacio. Mi barco hacía agua a cada paso, mientras que el suyo parecía flotar sin esfuerzo sobre la superficie en calma.

¿Qué estaba haciendo mal?

Mi jefe fue directo con sus comentarios: «Tienes que cambiar tu forma de gestionar el tiempo para centrarte antes que nada en las prioridades. No estás cumpliendo lo que se espera de ti; lo que veo es mucho trabajo, pero pocos resultados tangibles».

Tenía razón. Me costaba sacar adelante los proyectos porque intentaba abarcarlo todo. Me pasaba horas respondiendo a correos de poco valor, en lugar de abordar las tareas más difíciles, pero más importantes.

A lo largo de los años —a través de mi carrera y de los ejecutivos, autores y líderes de opinión a los que he entrevistado en el pódcast *The New Leader*— he aprendido varias lecciones valiosas sobre cómo las personas de éxito gestionan el tiempo y la energía en el trabajo.

Vive según tu agenda, no según tu bandeja de entrada

En mi pódcast suelo hacer esta pregunta a todos los invitados: «¿Cuál es la herramienta que utilizas para mantenerte al día y ser productivo?». ¿Sabes cuál es la respuesta más habitual? «Una agenda».

Podría decirse que es la herramienta más eficaz para maximizar el tiempo porque pone límites. Te reta a ser crítico a la hora de programar y actúa como un filtro para lo que es realmente prioritario: no puedes atender todas las solicitudes de correo electrónico por una cuestión de agenda, por lo que es necesario hacer una clasificación. Por supuesto, trabajar a partir de la bandeja de entrada o hacer largas listas de tareas puede ser divertido por el subidón de dopamina que se obtiene al tachar elemento tras elemento de la lista. Pero si eso no se traduce en tiempo práctico en el día a día, se acaba convirtiendo en una fuente adicional de estrés.

A medida que avanzaba en mi carrera, tuve la suerte de observar a profesionales cualificados a mi alrededor, y así pude cambiar de enfoque. En lugar de dejarme arrastrar por la vorágine de los correos e ir respondiendo, empecé a organizar primero mi agenda en función de las prioridades. Los domingos, dedicaba treinta minutos a planificar la semana siguiente. Hacía huecos en la agenda durante los cuales podía trabajar con la cabeza pegada al teclado para concentrar toda mi energía en tareas de gran prioridad o proyectos clave (normalmente entre las 9:00 y las 12:30 horas, dos o tres días a la semana).

Este enfoque me ayudó de dos maneras:

- Me sentí mucho más seguro y con más control de la semana, ya que sabía en qué tenía que centrarme.

- Mi rendimiento empezó a mejorar. En lugar de limitarme a revisar los correos y responder a las urgencias, hacía aquello para lo que me habían contratado: ofrecer resultados.

Puedes hacer lo mismo creando huecos en la agenda que coincidan con tu mejor estado o con los momentos del día en los que te sientas más centrado y con más energía.

Consejo: Encuentra tu ritmo ultradiano.

La mayoría de nosotros estamos familiarizados con el concepto de ritmo circadiano, pero también existe un concepto menos conocido, el llamado *ritmo ultradiano*, que desempeña un papel clave en la determinación de nuestros niveles de energía.

En la década de 1960, el investigador del sueño Nathaniel Kleitman descubrió lo que denominó *ciclo básico de descanso-actividad*: períodos nocturnos de noventa minutos en los que pasamos por distintos patrones de sueño (de ligero a profundo, por ejemplo). También observó los mismos períodos de noventa minutos durante el día, cuando nos movemos entre niveles más altos y más bajos de alerta. A este patrón lo denominó *ritmo ultradiano*.

Para encontrar tu ritmo ultradiano, pregúntate: «¿Cuándo tengo más energía y concentración durante el día? ¿Cuándo empiezo a decaer?». El horario de tu agenda debería seguir los ciclos en los que tu mente es más productiva. Yo tengo dos momentos: de 9:00 a 10:30 y de 11:00 a 12:30, con un descanso de treinta minutos entre medias. Si mi día se torcía por la tarde, experimentaba menos estrés al saber que había sido eficaz cuando más importaba.

Como joven profesional, emplear este enfoque puede demostrar a los altos cargos que eres capaz, eficiente y estás perfeccionando una habilidad importante para futuros puestos.

Pensar en olas

Si aprovechar bien la agenda propia es una microestrategia, pensar en olas puede considerarse una macroestrategia. Hace poco entrevisté a Dorie Clark, autora, profesora y colaboradora de HBR, sobre su nuevo libro, *Piensa a largo plazo en un mundo a corto plazo*. La autora desveló la noción de «pensar en olas», un enfoque para tomar decisiones inteligentes sobre a qué dedicar el tiempo.

La esencia es que no puedes lograrlo todo ahora mismo, así que empieza a pensar a más largo plazo y enfoca el tiempo de que dispones en fases de seis a doce meses. Clark compartió conmigo lo siguiente: «Este enfoque me permite concentrarme cuando es necesario, agrupar tareas similares (para disminuir la carga cognitiva que conlleva la multitarea) y mantenerme fresca cambiando mis rutinas».

Básicamente, el consejo es adoptar una perspectiva a largo plazo. Fíjate en los objetivos que tienes que cumplir el año que viene, prioriza los más importantes y simplifica o aplaza los que puedas retrasar para no agobiarte.

Supongamos, por ejemplo, que eres director de producto y tienes una fecha de lanzamiento prevista para dentro de seis meses. Ese proyecto constituirá probablemente una ola razonable de trabajo que te hará comprometerte y permanecer concentrado. Lo que puede desviarte del camino es tratar de cumplir con el lanzamiento del producto al mismo tiempo que intentas unirte a un comité, aprender a tocar un nuevo instrumento o entrenar para una competición atlética. Es posible que acabes dispersándote demasiado, en lugar de centrarte en tu prioridad principal.

Todas las cosas se pueden hacer bien, pero no *todas a la vez*.

Consejo: Sé consciente de cuándo has de concentrarte.

La noción de pensar en olas tiene su origen en un concepto llamado *trabajo de concentración*, articulado por primera vez por Jared Kleinert. Como profesionales que trabajamos en un mundo acelerado, es fácil distraerse o desviarse del rumbo. Saber cuándo se está haciendo un trabajo de concentración «te permite aprovechar el poder de la concentración en tu propio beneficio», afirma Clark.

Por ejemplo, puede que seas nuevo en un sector o en una organización. Empieza por centrarte en el trabajo importante para hacerte una idea de tu función. Tus primeros seis meses pueden ser una ola de aprendizaje (indagar en tu campo, adquirir nuevas habilidades), seguida de otra de creación (compartir tus ideas con la empresa, publicar contenidos en LinkedIn).

Después de un año de trabajo de concentración, ha llegado el momento de pasar a un modo de trabajo distinto. Durante los próximos doce meses, puedes centrarte en construir tu red de contactos asistiendo a conferencias, seminarios web o participando como ponente en talleres. Si echamos la vista atrás tras este período de dos años, ya habrás construido algunos pilares sólidos para tu carrera, mientras que otros siguen preocupándose por qué paso dar.

La clave está en evitar el cortoplacismo y actuar a largo plazo.

No luches contra la verdad del tiempo

Por mucho que nos esforcemos, el día solo tiene veinticuatro horas. El exceso de planificación crea un escenario en el que vamos constantemente de una tarea a otra y nos agotamos en el proceso.

El experto en productividad Dave Crenshaw, que ofreció el curso de LinkedIn Learning más popular de 2020, lo expresó así: «Se ha enseñado que la felicidad viene de gastar un dólar menos de lo que tienes y la miseria viene de gastar un dólar más de lo que tienes. Cuando gastas dinero de más, te endeudas y tienes que pagar intereses. Lo mismo ocurre con el tiempo».

Nunca me había planteado el concepto de quiebra de tiempo antes de leer la obra de Dave. Me hizo reflexionar. Empecé a adoptar la ideal de *gastar menos tiempo del necesario* y lo he estado considerando un marcador positivo para mi salud y bienestar general. Cuando cambié de enfoque en este sentido, me comencé a sentir menos culpable cuando salía a tomar el aire o rellenaba mi botella de agua mientras hacía algunos estiramientos entre reuniones virtuales. Antes, en cambio, no paraba de ponerme al día («¡Nunca tengo tiempo!»).

Dave lo resume bien: «Sintoniza con la verdad del tiempo. Aprende a aceptarla como la verdad inamovible que es. Te permitirá sentirte rico en términos de tiempo y gestionar sin problemas las emergencias inesperadas».

Consejo: Empieza poco a poco.

Aunque sea imposible darle la espalda por completo a un día a día lleno de reuniones de la mañana a la noche, hay cosas que se pueden hacer.

Un buen punto de partida consiste en incluir en la agenda cierto margen para evitar planificar en exceso. Empieza poco a poco, introduciendo en tu día bloques de quince minutos que actúen como lapsos protegidos. Estos pequeños momentos crean un espacio para recuperar el aliento.

Otro enfoque consiste en proteger el tiempo con determinación. En el trabajo, a menudo nos vemos envueltos en conversaciones o proyectos *ad hoc* porque suenan divertidos o interesantes en el momento (o porque nos cuesta decir que no). Pero la realidad es que nadie va a proteger tu tiempo por ti: es tu responsabilidad.

La próxima vez que te encuentres ante una petición que te reste tiempo, intenta responder: «Tengo una agenda en la que estoy trabajando ahora mismo, ¿podemos hablar en otro momento?». Lo más probable es que, si es urgente, esa persona busque a alguien alternativo y te evite una nueva distracción. Si realmente es a ti a quien necesita, podéis quedar para hablar cuando más os convenga a ambos. Al establecer límites, le indicas a la otra persona que estás dispuesto a comprometerte, pero que sabes priorizar como un profesional.

Ten en cuenta que la gestión del tiempo no es una actividad puntual. Tendrás que ajustar tu enfoque y ver qué te va funcionando en el futuro. Las estrategias aludidas son una buena forma de empezar. Permítete utilizarlas: tu trabajo y tu vida mejorarán.

Breve resumen

A menudo pensamos que estar al tanto de las peticiones que recibimos, responderlas al instante y decir que sí a todo es un indicador de éxito, pero en realidad puede resultar perjudicial. Hay formas de establecer límites claros en torno a tu tiempo y tu espacio:

- Vive según tu agenda, no según tu bandeja de entrada.

- Fíjate en tus objetivos a largo plazo y prioriza lo más importante.

- Incorpora márgenes de maniobra para evitar planificar en exceso.

Mira este vídeo para saber más sobre productividad:

¿Estás asumiendo demasiadas tareas no promocionables?

Evalúa las consecuencias

por Linda R. Babcock, Brenda Peyser, Lise
Vesterlund y Laurie R. Weingart

Luna, asociada desde hace seis años en un prestigioso bufete de abogados (y una joven a la que conocemos), adoraba su trabajo. Cuando su jefe le pidió que le ayudara a dirigir el programa de prácticas de verano, aceptó de inmediato. Para ella era una oportunidad de aprender sobre los distintos departamentos, conocer a los socios y demostrar sus dotes organizativas. Le dedicó mucho tiempo y energía. Pero cuando llegaron las evaluaciones de rendimiento, nunca se mencionaron sus esfuerzos. En cambio, su jefe le advirtió que se había quedado atrás con el trabajo que le correspondía y que hacía facturar a la empresa. Estaba desconcertada y decepcionada: lo que creía que beneficiaría a su carrera no parecía importar en absoluto.

¿Te es familiar esta situación?

Como Luna, muchas trabajadoras que hemos encontrado durante la investigación para nuestro libro, *The No Club: Putting a Stop to Women's Dead-End Work*, dedican demasiadas horas a tareas que ayudan a sus organizaciones, pero que no las hacen avanzar profesionalmente. Son las llamadas *tareas no promocionables* o *responsabilidades no recompensadas*. Tal vez seas la persona que forma a los nuevos empleados, toma notas en una reunión, organiza la fiesta de Navidad, sustituye a los compañeros que están de baja o se encarga de ese cliente que genera pocos ingresos y consume mucho tiempo. Todo el mundo se beneficia cuando se realizan estas tareas. Pero lamentablemente, y con demasiada frecuencia, la persona que las realiza acaba perdiendo un tiempo valioso y no puede asumir el trabajo promocionable, aquel que influye en el sueldo y la carrera profesional.

Nuestra investigación demuestra que este problema recae especialmente en las mujeres.[1] Pedimos al equipo directivo de una empresa de servicios profesionales que clasificara las tareas según su grado de promoción y, a continuación, examinamos cómo empleaban el tiempo sus empleados. Descubrimos que, independientemente del rango, la empleada media dedicaba doscientas horas más al año a tareas no promocionables que sus compañeros hombres. Para ponerlo en perspectiva: las mujeres dedican un mes más a este tipo de tareas.

Además, en un entorno controlado en el que hombres y mujeres eran igual de buenos ejecutando las tareas de este tipo, descubrimos que las mujeres se encargaban de un mayor número de ellas no por preferencia o actitud, sino porque se esperaba de ellas que *las aceptaran* más a menudo.[2] Como resultado, a las mujeres se les pedía con una mayor frecuencia asumir tareas no promocionables —y se ofrecían con mayor frecuencia voluntarias—, mientras que los hombres tenían en ese sentido vía libre.

Por eso, sobre todo en el caso de las mujeres, entender qué tareas no llevan a promocionar, las consecuencias de aceptarlas y las razones por las que la persona puede sentirse presionada a decir que sí te ayudará a evitar el error de Luna.

Cómo identificar las tareas no promocionables

Las tareas no promocionables tienen varias características reconocibles.

No son decisivas para la misión de la organización

Todas las organizaciones tienen metas y objetivos, y valoran unos más que otros. Cuanto menos se ajuste una tarea a esos objetivos, menos promocionable será. Para Luna, servir a los clientes es la misión de la organización para la que trabaja, lo que significa que cualquier cosa que le quite tiempo, como encargarse del programa de prácticas de verano, probablemente no sea promocionable. La evaluación del rendimiento de Luna fue peor de lo que esperaba porque dedicó demasiado tiempo a una tarea que no estaba directamente relacionada con los resultados.

No suelen ser visibles para los demás

Las tareas menos visibles tienden a ser no promocionables porque otras personas no ven tus esfuerzos o tu impacto. A menudo, las tareas no promocionables se realizan para apoyar el trabajo del equipo de una forma que no se te puede atribuir a ti, como editar la parte del informe de un compañero o hacer que las presentaciones del equipo «queden estéticamente bien». Solo el jefe de Luna conocía su trabajo en el programa de prácticas de verano. Para todos los demás, era invisible.

Es posible que no requieran conocimientos especializados, por lo que mucha gente puede hacerlas

Las tareas promocionables aprovechan las aptitudes únicas por las que se contrata; en cambio, las que no lo son no. Organizar currículos de cara a las contrataciones, concertar citas y recopilar notas de los entrevistadores son tareas de las que Luna se encargó y que casi cualquier persona del bufete podría haber realizado. Ninguna de estas tareas dependía de sus conocimientos o habilidades jurídicas.

Por qué nos sentimos presionados a aceptarlas

Hay varias razones por las que a veces nos sentimos presionados a decir que sí, incluso cuando no tenemos por qué hacerlo. Estos son algunos de los patrones que hemos observado en nuestra investigación.

Crees que tienes que decidir en el momento

A menudo sentimos la urgencia de una petición, más aún si procede de alguien con más poder o que está más arriba en la organización que nosotros. Por ejemplo, digamos que te encuentras con tu jefe en el pasillo y te pide que te encargues de una tarea. Puedes pensar que tienes que responder en ese momento, pero, en realidad no es así.

En lugar de decir que sí automáticamente, trata de ganar tiempo y recabar información, evaluar la tarea y pensar en tus objetivos profesionales y en lo que tienes que hacer para conseguirlos. He aquí una regla que recomendamos: espera al menos veinticuatro horas antes de decir que sí. En lugar de «Por supuesto», dile a quien te lo pida: «Muchas gracias por tenerme en cuenta. Necesito tiempo para pensarlo y ver cómo encaja con mis otras prioridades. Mañana al final del día te diré algo». Así será más fácil decir que no después.

Has interiorizado la expectativa de que debes decir que sí

Reconoce que tu incomodidad y tu reticencia a decir que no (cuando te pidan una vez más que «aceptes por el equipo») probablemente se deba a que has interiorizado las expectativas que los demás tienen de ti. Ocurre en especial con las mujeres, que pueden decir que sí a una tarea no promocionable para evitar sentirse culpables por no estar a la altura de esas expectativas.

La próxima vez que te pidan que te ofrezcas voluntario, pregúntate si hacer esa tarea es el mejor uso que puedes hacer de tu tiempo. Si la respuesta es negativa, siéntate y deja que otra persona se ofrezca o, mejor aún, propón que la tarea se asigne al azar, o que todos se turnen para hacerla.

Te halaga que te pregunten

Cuando te gusta que te busquen para asumir alguna tarea, es difícil verle el lado negativo. Luna dijo que sí porque se sentía bien de que su jefe se hubiera fijado en sus habilidades.

Aunque es agradable que te soliciten, esa sensación desaparecerá rápidamente, en cuanto te sumerjas en el trabajo real. Y si la tarea pasa casi desapercibida, como organizar un programa de prácticas, no aportará ninguna ventaja tangible. Recuerda que puedes sentirte halagado de que te lo hayan pedido y rechazarlo.

Cómo sopesar una oportunidad

La próxima vez que te pidan que hagas una tarea no promocionable, date algo de tiempo y utilízalo para evaluar con detenimiento las consecuencias de aceptar. Sé consciente de los errores que podrían derivar de decir sí o no.

Piensa en lo que renuncias al decir sí

Cuando asumas una nueva tarea, tendrás menos tiempo para hacer otra cosa. Cuando aceptas ayudar a otro equipo a agilizar su trabajo, de manera implícita estás diciendo no a otra actividad que podrías hacer en su lugar. Puede ser ayudar a tu equipo con el lanzamiento de un nuevo producto, en cuyo caso el coste que conlleva la oportunidad de hacerlo puede ser alto. El no implícito de Luna era el trabajo que asumía y que hacía que la empresa facturase más. Al aceptar encargarse del programa de becarios, tuvo que reducir las horas que pasaba encargada de la atención al cliente, lo que acabó perjudicando su evaluación de rendimiento.

Sopesa la urgencia de la tarea

Una tarea con un plazo corto se impondrá a una tarea con un plazo más largo, por insignificante que sea. Las grandes tareas, como la captación de nuevos clientes, a menudo no son muy urgentes, por lo que asumir una o dos tareas no promocionables con horizontes temporales cortos probablemente postergue iniciativas a más largo plazo que la empresa en la que trabajas podría valorar más.

Recuerda que también estarás ocupado en el futuro

Ves que tu agenda está más o menos despejada a tres meses vista, así que el sí de hoy no parece tan mala idea. Pero lo más probable es que tu ajetreo actual sea el mismo dentro de tres meses. Antes de decir que sí, imagina que esa petición a unos meses vista es para la semana que viene. ¿Te haría tanta ilusión planificar la fiesta de la oficina la semana que viene con tu actual carga de trabajo? Probablemente no.

Evalúa los beneficios indirectos de la tarea

No todas las tareas no promocionables son iguales. Elige aquellas que más te convengan. Algunas pueden ayudarte más adelante. A estas tareas las llamamos *indirectamente promocionables*, ya que te ayudan a adquirir conocimientos, desarrollar habilidades o contactos que podrás aprovechar más adelante. Otras tareas no promocionables son interesantes porque van en la línea de tu misión personal, como promover iniciativas de diversidad, igualdad e inclusión. Además de considerar el coste de asumir la tarea, asegúrate de evaluar los beneficios potenciales. Sabiendo que la mayoría de nosotros tendremos que hacer alguna de vez en cuando, trata de elegir las que más te convengan.

• • •

Tu camino hacia el éxito será más corto si reconoces las tareas que más valor tienen para tu carrera y te dispones a asumirlas. Te sorprenderá el reconocimiento que recibirás cuando por fin tengas tiempo para el trabajo que más valora tu organización.

Breve resumen

Aunque las tareas no promocionables suelen ser cruciales para el éxito de una organización, rara vez contribuyen a la progresión profesional de los empleados a título personal. La próxima vez que te pidan que aceptes una, tómate tu tiempo para evaluar con detenimiento las consecuencias de asumir el trabajo:

- Considera aquello a lo que renuncias diciendo que sí.

- Sopesa la urgencia de la tarea.

- Evalúa los posibles beneficios indirectos.

Cómo dejar de distraerse con el móvil y concentrarse en el trabajo

Reduce las distracciones digitales

por Amantha Imber

uando subo a mi despacho en casa para empezar a traba-jar, hay un factor que me ayuda a predecir lo productiva que voy a ser: si llevo el móvil conmigo o si lo dejo abajo a propósito (o porque se me olvida).

Lamentablemente, esta mañana llevaba el teléfono. Mientras es-cribía este artículo, cada vez que me sentía atascada, inconsciente-mente lo tomaba y recorría las redes sociales en busca de alivio. Los nuevos mensajes, los «me gusta» y los seguidores me hacían sentir mejor al instante, pero también me entorpecían a la hora de volver al trabajo porque el Word no supone el mismo refuerzo positivo.

«Si a mí me cuesta no distraerme con el móvil, ¿qué hay de los profesionales más jóvenes, que son de una generación que ha nacido cuando ya había móviles?», pensé.

Los miembros de la primera generación criada totalmente con tecnología, como los de la generación Z, suelen pasar la mitad de su tiempo de vigilia consultando el teléfono. Es más probable que estén enganchados al teléfono que los *millennials*: las investigaciones muestran que el 31 % de quienes pertenecen a la generación Z se sienten incómodos si están sin su teléfono durante treinta minutos —incluso menos—, el 58 % comprueban el correo electrónico varias veces al día y más de una cuarta parte utiliza el teléfono durante diez o más horas.[1] Si bien nos hemos vuelto más dependientes de los dispositivos y las tecnologías que cualquier otra generación, no podemos dejar que socaven nuestra capacidad de concentrarnos y trabajar de forma inteligente.

Hablé con varios invitados a mi pódcast para saber cómo mantienen a raya las distracciones y consiguen hacer el trabajo. A continuación presento algunas de las tácticas de las que hablamos para ayudarte a mantener la concentración.

Utiliza un temporizador

Hace poco charlé con Scott Young, el aclamado autor de *Ultralearning*, sobre cómo mejorar la concentración en una tarea.[2] Young cree que nuestra capacidad de concentración depende de lo bien que sepamos gestionar nuestras emociones. Avanzar en proyectos grandes e importantes suele ser frustrante, implica recibir comentarios negativos y, a veces, cuestionar nuestras propias capacidades. Estos retos pueden crear una aversión instintiva a mantener la concentración. Esta mañana, por ejemplo, me he sentido frustrada por el bloqueo del escritor y, en lugar de tratar de seguir, he echado mano del teléfono.

Young ha probado varias estrategias para mejorar su capacidad de concentración y reducir las distracciones digitales. Una de ellas es usar un temporizador. La idea le surgió cuando contemplaba su forma de estudiar y aprender material nuevo. Uno de sus muchos logros es que acabó todo el plan de estudios de informática del MIT —que normalmente lleva cuatro años— en menos de doce meses. Y lo hizo sin tomar clases.

Cuando Young trabajaba en la resolución de un problema durante el curso, a menudo se preguntaba cuánto debía esperar para mirar la respuesta cuando no sabía la correcta. «El enfoque que adopté durante el reto del MIT fue que, en cuanto me atascaba, miraba la respuesta correcta, porque la respuesta inmediata es importante para el aprendizaje», me dijo. Pero eso también rompía su fluidez.

Con los años, Young cambió de opinión. Ahora cree que a menudo tiene sentido esforzarse un poco en los problemas más difíciles por dos razones. En primer lugar, a veces se puede resolver el problema con un poco más de tiempo, por lo que esforzarse un poco más puede ser más beneficioso para el aprendizaje y obliga a mantenerse concentrado. En segundo lugar, Young cree que la lucha permite apreciar más la respuesta correcta una vez que se encuentra. La solución quedará mejor grabada cuando se supera la frustración inicial, explica. Es la diferencia entre averiguar realmente cómo resolver un problema, y buscar la respuesta y luego pensar: «Claro, eso tiene sentido».

Young aprovechó estas ideas y ahora, cuando siente que tiene dificultades con un problema o una tarea, pone el temporizador cinco o diez minutos. A menudo, este tiempo concreto le ayuda a seguir adelante en lugar de rendirse o posponer lo que esté haciendo.

Crea un guion antibloqueo

Adam Alter, profesor de Marketing en la Escuela de Negocios Stern de la Universidad de Nueva York, experimenta momentos de bloqueo con frecuencia, pero, en lugar de echar mano automáticamente del teléfono para aliviar estas emociones, hace otra cosa. «Lo mejor que puedes hacer es tener un guion que seguir en esos momentos, sobre todo si llegas regularmente a esos puntos en los que, por defecto, consultarías el teléfono», me dijo Alter.

Por ejemplo, cada vez que te bloquees, Alter sugiere que te digas a ti mismo que vas a dar un paseo de dos minutos. «Lo hago a menudo. Doy una vuelta por la planta donde tengo la oficina. Y en casa simplemente doy un paseo al aire libre o subo las escaleras, porque mi despacho está en el sótano».

Este breve paseo es para él una forma natural de reponerse. Después de caminar, se vuelve a sentar y le resulta más fácil retomar el trabajo.

Otra estrategia que utiliza Alter es cambiar de tarea. En lugar de distraerse y perder el tiempo, recurre a una tarea más sencilla cuando se siente atascado en algo difícil. «Siempre que me veo retenido en lo principal, como escribir un artículo, recurro a tareas secundarias, de modo que todo lo que hago es tiempo bien empleado», explica. Por ejemplo, como investigador, Alter intenta estar al día de los últimos descubrimientos en su campo. A menudo le envían los índices de las revistas académicas, pero rara vez tiene tiempo de leerlos bien. Sin embargo, cuando se siente atascado en una tarea, ha aprendido que puede despejarse leyendo esas revistas en esos momentos.

Deja el teléfono de lado

El teléfono es una de las mayores distracciones a la hora de trabajar. Las investigaciones han demostrado que una persona media toca el teléfono 2617 veces al día.[3] Eso supone pasar el dedo, teclear, desplazarse y hacer clic, y gran parte de ello ocurre cuando estamos posponiendo la tarea que tenemos entre manos o experimentando emociones negativas en torno a ella (frustración, aburrimiento, etc.).

A menudo nos decimos: «Tengo que mirar menos el móvil». Pero esta estrategia se basa en la pura fuerza de voluntad y, por desgracia, esta es un recurso limitado. Quizá haya llegado el momento de adoptar una estrategia más extrema que nos impida físicamente utilizar el teléfono.

Antes de convertirse en CEO de Moment, una empresa que ayuda a las personas a utilizar el teléfono de forma más saludable, Tim Kendall fue presidente de Pinterest. Durante este tiempo, luchó mucho con el uso del teléfono. Empezó a investigar lo que él describe como «métodos de fuerza bruta» y descubrió un producto llamado kSafe.

La kSafe es una caja fuerte con cerradura y temporizador incorporado. En un principio se diseñó para ayudar a perder peso guardando bajo llave los alimentos poco saludables, pero en los últimos años el producto ha encontrado otro uso para quienes luchan contra la adicción al teléfono móvil, ya que tiene el tamaño perfecto para guardar bajo llave el *smartphone*.

Al principio, Kendall probó a meter el teléfono en la caja por la noche entre semana y durante unas horas el fin de semana. Aunque ya no utiliza la kSafe con regularidad, le pareció eficaz en su momento.

«Lo que me funciona hoy es que tengo una oficina en casa y, cuando voy a cenar con mi familia, dejo el teléfono en la oficina —explica—. En mis mejores noches, no busco el teléfono hasta la mañana siguiente, que es lo mismo que meterlo en una caja desde las seis de la tarde hasta las ocho de la mañana».

No te estoy pidiendo que te compres una kSafe, pero una forma de mantener la concentración es dejar el teléfono en el lugar más alejado posible cuando empieces una tarea. Si estás en una reunión, por ejemplo, deja el teléfono en el cajón del escritorio. Cuando te bloquees, estarás menos motivado a ir a ver tu Instagram.

• • •

Todos perdemos la concentración de vez en cuando, pero mantenerla es imprescindible si queremos ser productivos. Nos ayuda a seguir un ritmo, a ser constantes y a obtener mejores resultados. La cuestión es que la mente es poderosa, por lo que podemos entrenarla para que ignore las distracciones. Utiliza estos consejos para ir haciendo pequeños cambios y emplear el tiempo de forma significativa.

Breve resumen

Es fácil distraerse cuando trabajamos, sobre todo con el teléfono. Es imprescindible reducir las distracciones digitales y centrarse en trabajar:

- Utiliza un temporizador. Si te encuentras bloqueado ante un problema, pon el temporizador cinco o diez minutos para resolverlo y luego seguir.

- Crea y sigue un guion, que podría ser tan simple como esto: «Cuando sufra un bloqueo de escritor, daré un paseo de dos minutos».

- Deja el teléfono en el lugar más inaccesible posible cuando empieces una tarea.

Cuidar de la salud mental y física

Guía para gestionar la salud mental

En primer lugar, infórmate

por Ascend Editors

Muchos de nosotros sentimos ansiedad y tristeza en estos momentos. La economía se está reduciendo. Cada vez oímos hablar más de despidos. Las guerras siguen haciendo estragos. Y la salud del planeta no parece mejorar.

La desafortunada realidad es que no es un momento particularmente bueno de la historia y todos lo estamos sintiendo, especialmente las generaciones más jóvenes. A nivel mundial, más del 20 % de las personas sufren ansiedad y depresión.[1] El 48 % de la generación Z y el 44 % de los *millennials* afirman sentirse ansiosos o estresados todo el tiempo.[2]

Por nuestra propia experiencia, también sabemos que los sentimientos de ansiedad y depresión pueden acabar invadiendo con la misma facilidad el ámbito laboral. A veces, el trabajo se convierte en un desencadenante y exacerba los problemas de salud mental. Dado que estas emociones son tan personales y complejas, puede resultar incómodo o excluyente hablar de ellas en el trabajo, especialmente cuando estamos empezando. En un estudio internacional, el 82 % de los encuestados afirmaron que no se sentían cómodos hablando de salud mental en el trabajo.[3] En otro informe, en este caso de la India, el 92 % de los empleados afirmaron que preferirían hablar de su salud mental con un robot antes que con su jefe.[4]

Sin embargo, abordar los problemas colectivos de salud mental en el trabajo no tendría por qué ser tabú. Las investigaciones nos dicen que es probable que nos sintamos menos estresados, seamos más felices y más productivos en el trabajo cuando mantenemos conversaciones más abiertas sobre la salud mental.[5]

Para abordar este asunto en el trabajo, debemos ser más conscientes del estigma que lo rodea en este entorno, así como de la forma en que los problemas de salud mental se manifiestan en nuestro caso particular. Tenemos que comprometernos a crear un cambio tanto a nivel personal como de liderazgo.

¿Por qué la salud mental sigue siendo tabú?

Gran parte del estigma en torno a la salud mental —dentro y fuera del trabajo— nace de un malentendido colectivo sobre lo que significa luchar con el bienestar emocional. Las percepciones negativas o los prejuicios sobre la salud mental pueden aparecer por varias razones: la forma en que sentimos y procesamos nuestros propios sentimientos, cómo nos han enseñado y condicionado a pensar sobre las emociones, cómo vemos a los demás reaccionar ante estas conversaciones y, por último, lo que los medios de comunicación (y la sociedad en general) nos dicen sobre cuidar de nosotros mismos.

Seguimos viviendo en un mundo que crea un falso binario entre emociones positivas —buenas— y negativas —malas—. Seguimos viviendo en una cultura que valora la positividad tóxica. Dado que estas ideas son en gran medida sistémicas, muchos de nosotros las hemos interiorizado. Cuando esto ocurre, el estigma se mantiene y afecta a nuestra capacidad para dar sentido a las emociones difíciles que sentimos.

En realidad, nuestra salud emocional no es una cuestión de blanco o negro.

Susan David, psicóloga de la Facultad de Medicina de Harvard y autora de *Agilidad emocional*, afirma que todas las emociones que sentimos son «normales»; no existen unas malas y otras buenas.

Según David, las emociones difíciles que sentimos son pistas sobre lo que más nos importa. Para escapar del estigma, tenemos que comprometernos de forma activa con el malestar que a veces sentimos en la vida. David añade: «No conseguimos tener una buena carrera profesional, formar una familia, hacer del mundo un lugar mejor o abrirnos paso a través de una pandemia sin estrés e incomodidad. La incomodidad es el precio de admisión a una vida con sentido».

Para gestionar (y honrar) las emociones difíciles, David sugiere dos estrategias:

- **Permítete experimentar la emoción**. Reconoce lo que sientes, practica una forma suave de aceptación para contemplar lo que te está ocurriendo y luego responde a esa emoción con una actitud abierta. Deja ir lo que no puedes controlar.

- **Extiende la compasión a ti mismo y a los demás**. Sé paciente mientras intentas comprender toda la realidad de tu situación. Practica este mantra: «Sé amable, cariñoso y valiente».

¿Cómo podemos abordar mejor la salud mental en el trabajo?

Infórmate sobre los problemas de salud mental

¿Cuántas veces has utilizado indistintamente los términos *ansiedad* y *estrés*? Aunque la ansiedad y el estrés a veces parecen lo mismo, en su artículo «Am I Anxious or Just Stressed» («¿Estoy ansioso o solo estresado?»), la autora, Charlotte Lieberman, explica que se trata de dos estados emocionales diferentes.

El estrés, por ejemplo, suele definirse como una respuesta a un desencadenante externo y puede ser agudo (un plazo de entrega ajustado) o crónico (problemas financieros persistentes). La ansiedad, por su parte, suele desencadenarse de manera interna por pensamientos excesivos: juicios sobre el pasado, preocupaciones por el futuro, etc. Si no se controlan, tanto el estrés como la ansiedad pueden convertirse en *trastornos mentales*.

¿Por qué es importante establecer esta diferencia?

Lieberman escribe: «Aunque entender de dónde vienen el estrés y la ansiedad, y la diferencia entre ellos, no hará que tus sentimientos desaparezcan, es el primer paso, el más importante, para empezar a liberarte del malestar, ya sea por tu cuenta o con un terapeuta».

Además, aprender a identificar cómo se manifiestan las emociones y utilizar el lenguaje adecuado para etiquetarlas puede ayudarnos a abordar mejor la salud mental con nuestros compañeros, colegas y amigos. Con las herramientas adecuadas, podemos ser más efectivos a la hora de aliviar algunos de estos sentimientos.

Cuídate a conciencia

En primer lugar, entiende que las necesidades de cada persona son diferentes. En su artículo «There's No 'Right' Way to Do Self-Care» («No existe una forma *correcta* de cuidarse a uno mismo»), Alyssa F. Westring escribe que «averiguar lo que necesitas empieza simplemente por darte cuenta de lo que te hace sentir bien y lo que no». El autocuidado no implica revisar toda la vida. En su lugar, Westring dice que consiste en explorar «pequeños cambios cotidianos que funcionan en el contexto de toda tu vida».

Piensa en algunos de los hábitos que practicas como parte de tu vida cotidiana. ¿Qué te funciona y qué te sientes cómodo dejando atrás? ¿Hay algún hábito que no practiques actualmente y que te gustaría empezar a poner en práctica?

Habla con tu jefe si te parece una buena idea

Aunque hay muchas cosas que puedes hacer para gestionar tus emociones, un verdadero cambio requiere que rompamos el silencio en torno a las conversaciones sobre salud mental. Según la autora Deborah Grayson Riegel, esto suele empezar por reconocer nuestros propios problemas y compartirlos con nuestros jefes y superiores. Dicho esto, puede que no siempre sea seguro o factible, especialmente si tu lugar de trabajo no es psicológicamente seguro o inclusivo.

En su artículo «Should You Talk to Your Boss About Your Mental Health?» («¿Deberías hablar con tu jefe sobre tu salud mental?»), Riegel advierte del peligro de revelar el propio estado de salud mental bajo presión. Escribe al respecto: «Nunca te presiones para revelarlo si no estás preparado. Si crees que tienes más que perder que ganar, o necesitas más tiempo para tomar una decisión, no lo fuerces (y sé paciente contigo mismo por el camino)».

Si te sientes seguro al mantener esta conversación con tu jefe, abrirte a él puede ser muy positivo, pero hazlo de forma estratégica.

Si eres un directivo nuevo (o incluso uno veterano), haz que tu equipo se sienta a gusto

Cuando las personas que ocupan puestos de poder hablan de sus problemas de salud mental, sus empleados y equipos se sienten más seguros para abrirse también. Si eres un directivo o un líder recién llegado al puesto, tienes el poder de influir positivamente en la cultura de tu trabajo.

En el artículo «New Managers, You Can Create a Workplace That Values Mental Health» («Los nuevos directivos pueden crear un lugar de trabajo que valore la salud mental»), su autor, Craig Cowdrey, recomienda a los directivos noveles que asuman cinco funciones distintas para convertirse en agentes del cambio y en personas que valoran la salud mental en el lugar de trabajo.

- **El aceptador.** El cambio no va a ser cómodo al principio y requerirá un esfuerzo deliberado y consciente por tu parte. Empieza por desprenderte de tus propios prejuicios y suposiciones sobre los demás y sus necesidades en el trabajo.

- **El investigador.** Dedica tiempo a conocer las políticas de tu empresa. Infórmate de las últimas investigaciones sobre las mejores prácticas para el bienestar y el compromiso de los empleados. Además, realiza tus propias encuestas —idealmente, anónimas— y sesiones de *feedback* personalizadas para entender qué puedes mejorar en el día a día.

- **El retador.** Evalúa de manera crítica e identifica procesos, prácticas o sistemas obsoletos que ya no funcionan con tu equipo, como horarios de trabajo inflexibles, políticas de permisos deficientes o falta de espacios psicológicamente seguros.

- **El integrador.** Crea un flujo de comunicación transparente entre las distintas partes interesadas: tu equipo, recursos humanos y la dirección. Estás en una posición única para tener acceso a todos ellos.

- **El defensor.** No cabe duda de que debes hablar en nombre de tu equipo, pero lo más importante es que hables de tus propias experiencias. Cuando te abres de esta manera, ayudas a todos —jefes, compañeros y subordinados directos— a ver tu lado más humano.

Breve resumen

Los sentimientos de ansiedad y depresión pueden extenderse fácilmente al ámbito laboral. Todos debemos mejorar a la hora de abordar la salud mental en el trabajo:

- El cambio debe producirse tanto a nivel personal como de liderazgo. Hay que empezar por entender por qué existe el estigma acerca de la salud mental.

- Para huir de la estigmatización, debemos afrontar de manera activa el malestar que a veces sentimos en torno a los problemas de salud mental.

- Aborda las emociones gestionando tu salud emocional o abogando por el bienestar de tu equipo y promoviendo un lugar de trabajo más inclusivo.

En este vídeo, Christine Liu entrevista a Susan David
sobre cómo gestionar las emociones difíciles
en la vida y en el trabajo:

No hay una forma *correcta* de cuidarse a uno mismo
Cambia de mentalidad

por Alyssa F. Westring

N o faltan consejos sobre la importancia de cuidarse a uno mismo. Nos dicen que meditemos, que nos demos largos baños y que compremos productos nuevos y caros. Aunque estos consejos son bienintencionados, rara vez llegan al núcleo de por qué tantos de nosotros luchamos por cuidar nuestra salud mental y física.

Como investigadora, profesora y orientadora profesional, llevo casi dos décadas estudiando este tema. A diario escucho a personas que quieren cuidarse mejor, pero no encuentran el momento de empezar a hacerlo. Siempre queda al final de su lista de tareas pendientes, después de cumplir con sus responsabilidades para con sus jefes, colegas, familia y amigos.

Encontrar tiempo para cuidarse puede ser especialmente difícil para los estudiantes y los jóvenes profesionales. La necesidad imperiosa de dar prioridad a los estudios y el trabajo es abrumadora. No es de extrañar que, al final del día, muchas personas queden agotadas y con poca motivación para centrarse en sí mismas.

La ironía es que dedicar tiempo al cuidado personal es esencial para rendir bien en todas las demás áreas de la vida. Numerosas investigaciones han demostrado que cuidar el cerebro, el cuerpo y el espíritu puede ayudarnos a ser más eficaces en cualquier cosa que nos propongamos.[1] Entonces, ¿cómo conciliamos esta aparente paradoja, el hecho de que la salud mental y física es importante para la educación y nuestra carrera profesional, pero esta última nos impide dedicar tiempo y energía a la salud mental y física?

La solución no es una mejor rutina de estudio o entrenamiento, ni una buena *app* para dormir o meditar. Para cambiar lo que hacemos, tenemos que cambiar cómo pensamos.

En mi investigación con el psicólogo del ámbito del trabajo Stew Friedman, hemos descubierto que la mayoría de las personas operan con una mentalidad de compensación (por ejemplo, «Si quiero rendir mejor en el trabajo, tengo que restar tiempo a otra cosa»). Esta mentalidad está arraigada en la forma en que se nos enseña a ver las diferentes partes de la vida desde una edad temprana; incluso la noción de «equilibrio» entre la vida laboral y personal se representa a menudo como una balanza en la que el trabajo está en un lado y el resto de la vida en el otro. Y, aunque es cierto que el tiempo es limitado, es precisamente esta mentalidad la que a menudo nos impide hacer cambios positivos.

Para crear este cambio, tenemos que replantearnos cómo vemos las interconexiones entre las diferentes partes de nuestra vida. Al cuestionar tus suposiciones sobre el autocuidado, puedes encontrar un enfoque que te funcione.

Aquí tienes tres herramientas que te ayudarán.

Define el autocuidado en tus propios términos

Dada la abundancia de consejos sobre autocuidado, la mayoría de nosotros operamos con una serie de suposiciones sobre cómo *debe* ser el bienestar. Pero solo tú puedes determinar qué necesitan tu mente, tu cuerpo y tu espíritu para prosperar.

Tal vez sea un programa de telerrealidad para desconectar al final del día. Tal vez, encontrar un terapeuta o psiquiatra que te apoye. O quizá necesitas silenciar una cadena de mensajes o un hilo de Reddit que te está causando angustia.

Para saber lo que necesitas, empieza por darte cuenta de cuándo te sientes con energía y cuándo agotado. Busca patrones. ¿Qué te hace sentir bien? ¿Qué te hace sentir abrumado y ansioso? Ahora empieza a crear tu propio concepto de lo que es para ti el autocuidado.

¿Piensas en términos de todo o nada?

Fíjate en lo que piensas acerca de dedicarte más tiempo a ti mismo. ¿Consideras que tienes que cambiar por completo de estilo de vida? Te sorprendería el número de personas con las que trabajo que creen que tienen que pasar de dormir muy poco y de sentirse siempre agotados a convertirse en gurús de la salud y la forma física de la noche a la mañana. La idea de hacer algo que no les suponga una transformación radical de su vida la consideran inaceptable, así que evitan hacer cambio alguno. No sorprende dado todo el *marketing* que promete un «nuevo tú»; sin embargo, esta visión no es útil.

El primer paso para adoptar un enfoque más realista es darte cuenta de si estás pensando en términos de todo o nada. A partir de ahí, puedes empezar a explorar cambios pequeños y factibles que funcionen en tu contexto particular. A medida que aprendas lo que te funciona y lo que no, la curiosidad y la flexibilidad son excelentes alternativas a pensar en términos de blanco o negro y tienden a producir cambios más duraderos.

Busca las oportunidades por doquier

Otro cambio de mentalidad es cuestionar la suposición de que dar prioridad al bienestar es algo que debemos hacer dando la espalda a las demás partes de nuestra vida. Mi investigación ha demostrado que las soluciones de autocuidado más duraderas suelen surgir de la unión de las diferentes partes de nuestra existencia.

Por ejemplo, piensa en cómo podrías dedicar tiempo de autocuidado mientras enriqueces tu carrera profesional (planificando una reunión en persona con un colega o mentor en lugar de una llamada de Zoom), apoyas a tu comunidad (recogiendo la basura del vecindario) o fortaleces otras relaciones (fijando un tiempo para ver vídeos de yoga con un amigo o familiar que vive lejos).

• • •

Si cambias tu forma de pensar sobre el autocuidado, podrás hacer transformaciones graduales y significativas que te aportarán más paz, energía y alegría. Al hacerlo, puedes experimentar por ti mismo lo que la investigación ha demostrado sin ambages: que las inversiones en el bienestar pueden mejorar el éxito profesional.[2] Es posible crear armonía entre las diferentes partes de tu vida, pero puede que tengas que desafiar algunas de tus suposiciones para lograrlo.

Breve resumen

Encontrar tiempo para cuidar la mente y el cuerpo puede parecer imposible, pero la respuesta no pasa por una mejor rutina de ejercicios o una *app* para dormir, sino por cambiar de mentalidad. Desafiando tus suposiciones sobre el autocuidado, puedes encontrar un enfoque que te funcione:

- El autocuidado es diferente para cada persona. Solo tú puedes determinar qué necesitan tu mente, tu cuerpo y tu espíritu.

- Para saber lo que necesitas, empieza por darte cuenta de cuándo te sientes con energía y cuándo agotado.

- Ten cuidado de pensar en términos de todo o nada, ya que puede hacer que te presiones demasiado y acabes evitando hacer cambio alguno.

- Empieza por cambios pequeños y factibles que te funcionen según el tipo de vida que lleves.

No hace falta ser el mejor en todo
Supera al crítico interior

por Morra Aarons-Mele

Hace unos años, estaba en una sesión de terapia hablando de lo ansiosa que me sentía por poder fastidiarla en una presentación importante en el trabajo. Mi terapeuta me dijo: «¿Por qué aspiras a ser tan sumamente buena en todo? ¿Quién te lo ha exigido?». La miré y le dije: «Siempre he sido especial, desde que tenía tres años». A lo que mi terapeuta respondió: «Bueno, ¿y quién te obliga a seguir siéndolo?».

Es una pregunta que me he planteado muchas veces desde entonces y que me hago cuando mi voz crítica interior toma las riendas. Soy una triunfadora ansiosa, ambiciosa y centrada en mi carrera. Mi ansiedad me impulsa a rendir por encima de mis posibilidades. Nunca puedo descansar hasta haber alcanzado el siguiente objetivo y haberlo hecho a la perfección. Los pensamientos de fracaso me han impulsado a lograr muchas cosas, pero la ansiedad que impulsa esos temores se cobra un peaje en mi salud mental, mis relaciones y mi capacidad para experimentar alegría.

¿Quién dice que tengo que ser tan especial, que tengo que ser genial todo el tiempo? Si tú también luchas contra el perfeccionismo, impulsado por la ansiedad, esta pregunta puede ser profunda.

Muchas personas que triunfan y sienten ansiedad se presionan hasta el punto de trabajar en exceso en un esfuerzo por alcanzar niveles imposibles. A menudo actuamos así por inercia. En algún momento —a través de los mensajes que recibimos en la infancia, la adolescencia o incluso durante nuestra educación y el inicio de nuestra carrera profesional— interiorizamos la idea de que, si cometemos errores, no somos dignos. Ahora, estas voces internas nos amenazan, nos avergüenzan y nos critican duramente en la vida y en el trabajo. La ansiedad se ha convertido en el motor que nos impulsa a seguir adelante.

El problema es que la ansiedad no es un elemento motivador eficaz y duradero, y el perfeccionismo a menudo causa procrastinación. Cuando lo que está en juego es el fracaso, lo más probable es que prefiramos evitarlo a hacerlo. Una vez terminada la tarea, podemos mirar atrás y ser incapaces de encontrar algo positivo en lo que hemos hecho. Medimos nuestra autoestima en función de los estándares que nos hemos impuesto y el ciclo continúa. Inevitablemente, acabamos agotados.

Entonces, ¿cómo superar este círculo vicioso?

Comprender la voz crítica interior

Hace poco entrevisté a Newton Cheng, de Google, para mi pódcast. Nuestra conversación nos permitió a ambos comprender mejor nuestra tendencia a la ansiedad y las ansias de triunfo. Como yo (y puede que tú también), Newton se esfuerza por hacer grandes cosas como forma de superar la ansiedad. También, como muchos de nosotros, se enfrenta a un crítico interior. Yo lo llamo *la voz*.

En nuestro camino hacia el perfeccionismo, la voz suele dirigirse a esa parte de nosotros que siempre espera ser el mejor y pregunta: «¿Cómo te atreves a no aspirar a la perfección?». La voz de Newton le dice: «Eres un vago, eres un vago, eres un vago». Aunque, por supuesto, él es todo lo contrario de perezoso. Es un profesional de éxito que trabaja como ejecutivo en una de las empresas más admiradas del mundo. También es campeón del mundo de levantamiento de pesas y ostenta récords mundiales, nacionales y estatales en su categoría de edad y peso.

Tras mucho trabajo interno y terapia, Newton me contó que ha empezado a prestar atención a sus patrones de pensamiento. Trata de reconocer cuándo esa voz interior es un saboteador impulsado por la ansiedad, en lugar de un campeón impelido por su valor de mostrarse lo mejor que puede. Ese es el primer paso para bajar el volumen de la voz.

¿Cómo es tu saboteador? Quizá te dice: «Si trabajas lo suficiente, no puedes fracasar. Así que trabaja más duro». Tal vez, como la voz de Newton, dice: «Eres un vago. Hazlo mejor. Hay gente que depende de ti». O quizá te diga que lo mejor que puedas dar de ti nunca es suficiente.

Sea cual sea el mensaje que te transmita, préstale atención. Cuando sientas que tus propios pensamientos te desaniman, es importante que frenes y reconozcas que «la voz» no es *tu voz*, sino tu ansiedad, y que no dice la verdad. No es fácil hacerlo. La mayoría de las personas que ansiamos triunfar y sentimos ansiedad por ello estamos tan acostumbradas a escuchar nuestra voz crítica interior que lo hacemos por costumbre. No conocemos otra forma de actuar. Pero con práctica y autoconciencia, podemos aprender a controlarnos.

Aquí tienes tres pasos que puedes seguir para acallar «la voz»:

1. Observa cuando se pronuncie

La próxima vez que oigas una crítica de la voz, piensa en lo siguiente:

- Fíjate en quién habla. ¿Crees que eres tú o más bien alguien de tu pasado? A veces, nuestras críticas internas están motivadas por experiencias o personas que conocimos años atrás.

- ¿Qué frases utiliza? Fíjate en las palabras que tu crítico interior tiende a decir una y otra vez. ¿Es una voz que aparece con dureza cuando cometes un error? ¿O es más bien como un pequeño insecto que zumba constantemente en el oído? Prestar atención a estas señales te ayudará a identificar cuándo está hablando.

- ¿Cómo te sientes justo antes de que la voz se pronuncie? ¿Qué emociones suelen precederla? Por ejemplo, puede que notes ansiedad justo antes de que tu crítico interior te diga que harías bien pasándote toda la noche ultimando una presentación. ¿Qué te provoca esa ansiedad? ¿Qué podría ayudarte a calmarla en ese momento?

- ¿Te sirve de algo escucharla? Por ejemplo, ¿te impulsa a complacer a la gente? ¿Te has sorprendido haciendo lo imposible por ayudar a alguien que realmente no lo necesitaba? Tal vez tu crítico interior te exige que hagas feliz a todo el mundo, incluso a tu costa. La próxima vez que la voz te pida que limpies la mesa de reuniones después de comer, dirígete a ella y dile que se calle.

2. Dirígete a ella con compasión

Solo cuando te des cuenta de los temas y puntos en común de la mayor parte de tus autocríticas, podrás intentar abordarlas de frente. Una forma fácil de empezar implica dirigirse a la voz en tercera persona, en voz alta. Aquí es donde entra en juego la práctica de la autocompasión, una habilidad maravillosa que conviene aprender.

La autocompasión implica ser deliberadamente amable con uno mismo, en lugar de luchar contra la ansiedad o confiar en la autocrítica para motivarse. En la práctica, consiste en dirigirse a la voz con comprensión y generosidad. A veces llamo a este enfoque *el método del cariño* (mi terapeuta me dijo que me ayudaría llamarme a mí misma cariño al dirigirme a la voz). Así que ahora, cuando me doy cuenta de que la ansiedad intenta asustarme y llevarme al perfeccionismo, me digo en voz alta: «Cariño, no eres perezosa porque hayas decidido no escribir esa entrada del blog. Estás siendo estratégica. Tu tiempo es valioso y no necesitas trabajar gratis cuando estás ocupada cobrando por otro trabajo».

Sinceramente, ayuda. No hace falta que te llames cariño: ¡elige la palabra que más te guste!

3. Recurre a un ejercicio para convocar la bondad deliberada

He aquí un ejercicio que he adaptado de la Dra. Kristin Neff, experta en autocompasión. Ella sugiere lo siguiente: «En lugar de juzgarte a ti mismo, muéstrate autocompasivo». Funciona así:

- Siéntate y coloca las manos sobre el pecho. Siente tu respiración al inhalar y al exhalar.

- Conecta con la sensación de las manos sobre el esternón. Percibe el momento de quietud.

- Piensa en algo que hayas hecho bien recientemente. Puede ser en el trabajo o haber hecho ejercicio en un día ajetreado, o bien un mensaje amable que hayas enviado a un amigo; cualquier cosa que te haya hecho sentir bien.

- Presiona sobre el pecho y dite a ti mismo: «He hecho un buen trabajo». Intenta creértelo.

- Cuando hayas terminado, no pases a una autocrítica negativa o al siguiente punto de tu lista de tareas pendientes. Quédate un momento saboreando el sentimiento de autocompasión.

Cuando nos tomamos un momento para recompensarnos por las pequeñas cosas, aprendemos a ser más amables con nosotros mismos, acallamos esas críticas internas e interrumpimos los hábitos que nos sabotean.

• • •

El psicólogo David Burns afirma que renunciar a ser siempre especial significa que, al fin y al cabo, somos humanos. Los triunfadores impulsados por la ansiedad, quizá incluso más que la mayoría de la gente, necesitamos mirar a nuestro ego a los ojos y darnos cuenta de que no tenemos por qué ser perfectos ni mejores que los demás. Tenemos derecho a fracasar y seguir adelante. Tenemos derecho a tener un mal día o a no cumplir un plazo de vez en cuando. «Cuando ya no necesitas ser especial —reconoció en una ocasión

Taylor Chesney, doctora en psicología y colega de Burns—, la vida se vuelve especial».

¿Puedes imaginarte una vida en la que alcances lo mismo que ahora, pero sin toda la ansiedad, el estrés y la autocrítica que se derivan de escuchar la voz? ¿Te imaginas un mundo en el que logras controlar la angustia que sientes, en lugar de que ella te controle a ti? Quizá podrías ponerla a trabajar y canalizar la motivación que puede aportar. No tienes por qué renunciar a tu identidad de triunfador, pero puedes tener más poder sobre tus sentimientos y sobre cómo respondes a ellos.

Sin todas las consecuencias negativas que se derivan de imponerte un estándar que es literalmente imposible de alcanzar, puede que desbloquees tu creatividad y des rienda suelta a tu empuje —y a tu alegría— de una forma totalmente nueva. La próxima vez que oigas la voz, presta atención a las pistas que te ayudarán a disiparla en el futuro. Encuentra una forma de ser amable contigo mismo y hazte la pregunta: ¿por qué tengo que ser tan especial?

Breve resumen

Muchas personas triunfadoras impulsadas por la ansiedad se presionan a sí mismas hasta el punto de trabajar en exceso para alcanzar niveles imposibles. Nuestras voces internas nos amenazan, nos avergüenzan y nos critican en la vida y en el trabajo. La ansiedad se ha convertido en el motor que nos impulsa a seguir adelante. Pero la ansiedad no es un elemento motivador sostenible en el tiempo y el perfeccionismo a menudo lleva a la procrastinación:

- A veces, nuestras críticas internas están motivadas por experiencias que tuvimos o personas que conocimos años atrás.

- Dirígete a tu crítico interior con compasión. Sé deliberadamente amable contigo mismo.

- Involúcrate en un momento de bondad pensando en algo que hayas hecho bien recientemente y diciéndote a ti mismo que has hecho un buen trabajo.

Para mejorar tu rendimiento laboral, haz algo de ejercicio

Incorpora la actividad física a tu día a día

por Bonnie Hayden Cheng y Yolanda Na Li

En todo el mundo, 1400 millones de adultos son sedentarios; una de cada tres mujeres y uno de cada cuatro hombres no realizan suficiente actividad física.[1] De hecho, no se ha producido ninguna mejora en los niveles de actividad física desde 2001 y la inactividad es dos veces más frecuente en los países de renta alta que en los de renta baja.

Para combatir el impacto negativo del sedentarismo, la Organización Mundial de la Salud (OMS) puso en marcha en 2018 un plan de acción mundial destinado a reducirlo en un 15 % para 2030. Mediante la promoción de la actividad física y el fomento de la práctica regular de ejercicio, la OMS pretende maximizar sus beneficios: prevenir y tratar enfermedades no transmisibles, como las cardiovasculares (incluidas las cardiopatías coronarias y los accidentes cerebrovasculares), diversos tipos de cáncer, mejorar el bienestar físico y mental general, reforzar la capacidad cognitiva y garantizar un crecimiento y desarrollo saludables.

Aunque los efectos beneficiosos de la actividad física sobre el bienestar general están ampliamente reconocidos, no se ha investigado lo suficiente sobre su impacto en el trabajo. Esto es tanto más importante cuanto que los diversos modos de trabajo que han surgido en los últimos años han permitido una mayor flexibilidad y comodidad. Sin embargo, cada vez nos sentamos más y nos movemos menos, puesto que muchos de nosotros ya no tenemos que desplazarnos al trabajo o caminar de una reunión a otra.

Cómo afecta la actividad física al rendimiento laboral

La mayor parte del tiempo que estamos despiertos lo pasamos trabajando. En este contexto, y en un esfuerzo por apoyar la iniciativa de la OMS de aumentar la actividad física, nuestra reciente investigación señala algunas importantes implicaciones de la actividad física relacionadas con el trabajo.[2]

Unos doscientos empleados del Reino Unido y China participaron en un estudio de diez días en el que recogimos datos de actividad física autodeclarados y objetivos (a través de un dispositivo de banda inteligente portátil), así como resultados laborales autodeclarados y notificados por los supervisores. Descubrimos algunas conclusiones dignas de mención sobre la actividad física diaria que afectan a los empleados y las organizaciones.

La motivación para la actividad física predice aquella que se practica

Puede parecer obvio que estar *motivado* para participar en una actividad llevaría a *realizarla* con más facilidad, pero cualquiera que haya hecho y luego abandonado un propósito de año nuevo sabe que esto no es necesariamente así. La *motivación autónoma*, que refleja el grado en que una persona se siente determinada a seguir un comportamiento, es un recurso personal fundamental que puede impulsar a realizar una actividad física. Es importante destacar que, cuanto más autónoma sea la forma de motivación —en otras palabras, cuanto más consideren las personas que la actividad física es una actividad divertida y agradable, en lugar de algo que temer—, más probable es que realicen actividad física diaria.

La actividad física genera recursos para el trabajo

Descubrimos que la actividad física diaria generaba un conjunto de recursos para el desempeño laboral, denominados *caravanas de recursos*, que contribuían a los resultados en el puesto de trabajo.

El primer recurso que proporciona la actividad física es la calidad del sueño, esto es, el grado de satisfacción de una persona con su experiencia diaria de sueño. La actividad física promueve la síntesis de proteínas y facilita el sueño de calidad como un proceso homeostático de retroalimentación que beneficia al cuerpo y al cerebro. El segundo recurso es el vigor, un elemento afectivo asociado a la energía y la vitalidad. El tercer recurso es la concentración en la tarea, un elemento cognitivo que favorece el procesamiento de la información y la atención.

La actividad física mejora el rendimiento laboral y la salud

Las investigaciones sobre el impacto de la actividad física en el contexto laboral se han centrado en su práctica durante períodos específicos (por ejemplo, hacer ejercicio durante la pausa del almuerzo), dejando de lado la consideración del conjunto de la actividad física a lo largo de todo el día. Esto ha contribuido a la falta de coherencia de los resultados, ya que los empleados a menudo perciben un agotamiento de los recursos (como el vigor y la concentración) inmediatamente después, lo que en realidad interfiere con su trabajo.

Esto quiere decir que puede llevar algún tiempo experimentar los beneficios de la actividad física en el trabajo. En efecto, nuestra investigación ha revelado que tiene *efectos retardados* sobre el rendimiento en las tareas laborales, la creatividad y la salud. En dos estudios hemos observado que la actividad física diaria de los empleados a lo largo del día genera caravanas de recursos, tanto físicos (sueño) como afectivos (vigor) y cognitivos (concentración en la tarea), que contribuyen al rendimiento laboral y a los resultados de salud del día siguiente de diferentes maneras. Los recursos físicos y afectivos sirven para reducir las molestias corporales diarias; los recursos cognitivos contribuyen más al rendimiento en las tareas, y los recursos afectivos y cognitivos son predictores más fuertes del rendimiento creativo.

La eficacia laboral percibida determina la capacidad de obtener recursos de la actividad física

La eficacia laboral percibida, que refleja la apreciación que tiene un empleado de su capacidad para desempeñar el trabajo del que es responsable, amplía los beneficios generadores de la actividad física diaria sobre la calidad del sueño y la concentración en las tareas.

Las personas con niveles más altos tienden a tener creencias positivas más fuertes en su motivación y capacidad para adquirir recursos relacionados con el trabajo a partir de la actividad física diaria.

Cómo hacer más ejercicio físico

Si te has dado cuenta de que te mueves menos por trabajar a distancia, aquí tiene tres maneras, respaldadas por la investigación, de aprovechar los muchos beneficios de aumentar la actividad física.

Crea un hábito de actividad física diaria

Todo lo que vale la pena hacer vale la pena hacerlo bien. No te desanimes si la actividad física no te reporta beneficios inmediatos en el trabajo. Nuestra investigación examinó de manera específica los beneficios diferidos en el tiempo de la actividad física, demostrando importantes ganancias de recursos que contribuyeron al rendimiento y a beneficios para la salud. Día a día, concéntrate en crear nuevos hábitos saludables y los resultados llegarán con el tiempo.

Recuerda que un poco es mejor que nada

A menudo nos disuadimos de realizar actividad física porque estamos demasiado cansados, hambrientos, estresados u ocupados. Nuestros hallazgos se hacen eco de la perspectiva de la OMS, en el sentido de que «algo de actividad física es mejor que no hacer nada». Para obtener beneficios para la salud y reducir los efectos nocivos del sedentarismo, la OMS recomienda que los adultos de 18 a 64 años realicen al menos 2,5 horas de actividad física de intensidad moderada o al menos 1,25 horas de actividad física de alta intensidad por semana.

Nuestra investigación nos dice que la actividad física de intensidad moderada es la que tiene un mayor impacto para generar ganancias de recursos físicos, afectivos y cognitivos que benefician aún más el rendimiento en las tareas en el trabajo, así como en términos de creatividad y salud. Dado que la actividad física de baja intensidad puede requerir un compromiso más prolongado para obtener ganancias y que la de alta intensidad puede prestarse más fácilmente a lesiones, el ejercicio de intensidad moderada es un objetivo más factible para muchos. Además, hemos observado que incluso períodos cortos de actividad física, incluso de veinte minutos al día, son suficientes para contribuir al rendimiento y la salud de los empleados.

Motivado o no, ¡ponte en marcha!

Nuestra investigación revela que incluso los empleados a los que no les gusta hacer ejercicio obtienen beneficios de la actividad física diaria. También hemos descubierto que las personas motivadas son más propensas a participar en actividades físicas, lo que implica que el «factor diversión» es clave para ponerse manos a la obra. Así que busca una actividad que haga que el ejercicio sea menos una obligación y más agradable. Si una sesión de *crossfit* no es lo tuyo, prueba con una caminata exigente o una clase de boxeo. La próxima vez que quieras cambiar el ejercicio por un cómodo sofá, ponte como objetivo veinte minutos.

• • •

Si quieres mejorar tu rendimiento en el trabajo, haz un esfuerzo por incluir más actividad física en el día a día. Tu cuerpo te lo agradecerá y tu mente te recompensará con más energía, mejor concentración en las tareas y mayor creatividad.

Breve resumen

Si quieres mejorar tu rendimiento en el trabajo, intenta incluir más actividad física en tu día a día. La actividad física diaria conlleva una serie de beneficios, llamados *caravanas de recursos*, que contribuyen a resultados relacionados con el trabajo:

- El primer beneficio que proporciona la actividad física es la mejora de la calidad del sueño, es decir, el grado de satisfacción de una persona con su experiencia diaria a la hora de dormir.

- El segundo beneficio es el vigor, un recurso afectivo asociado a la energía y la vitalidad.

- El tercer elemento es la concentración, un recurso cognitivo que contribuye a mejorar el procesamiento de la información y la atención.

Cómo las vacaciones inciden en el bienestar

Aprovecha los beneficios mentales, físicos y espirituales de las vacaciones

por Rebecca Zucker

Todos sabemos que tomarse unas vacaciones es bueno para la salud, pero no está tan claro que tanto empresarios como empleados entiendan exactamente hasta qué punto lo es, dado que cada año más de la mitad de los estadounidenses renuncian a tiempo libre remunerado. Según la U.S. Travel Association, en 2018 esto supuso 768 millones de días de vacaciones no utilizados; más del 30 % de ellos se perdieron por completo.[1] A esto se suma el hecho de que más del 50 % de los directivos generales se sienten quemados laboralmente.[2] Tomar vacaciones (y desconectar de verdad) nunca ha sido más importante.

Tal vez hayas experimentado de primera mano, hace no tanto, la sensación de recarga y renovación que producen unas vacaciones.

O puede que tú y tu equipo hayáis dudado en tomaros unas vacaciones porque estáis demasiado ocupados.

Para crear más compromiso duradero con los empleados (y contigo mismo), es importante no solo tomarse regularmente las vacaciones disponibles, sino también comprender bien sus beneficios y animar a los miembros de tu equipo a disponer de tiempo libre. Tanto si se descansa junto a una piscina bebiendo piña colada como si se emprende algo más activo o aventurero, o incluso si no se hace gran cosa, irse de vacaciones beneficia a la mente, cuerpo y alma.

Mente

El impacto cognitivo cuando se está abrumado por el trabajo puede incluir fatiga, dificultad para concentrarse, olvidos y deterioro de la capacidad para resolver problemas, entre otras muchas consecuencias. Tomarse unas vacaciones ofrece más oportunidades para descansar y dormir mejor (tanto en cantidad como en calidad), lo que ayuda a despejar la mente.

Despejar la mente permite pensar con más claridad y potencia la creatividad. Esto puede ocurrir tanto a pequeña como a gran escala durante las vacaciones. Los estudios demuestran que el mero hecho de dar un paseo (aunque sea en una cinta de correr) aumenta significativamente la creatividad.[3] A mayor escala, tomarse tiempo libre brinda la oportunidad de que surjan ideas grandes o innovadoras. Lin-Manuel Miranda concibió el musical *Hamilton* durante sus vacaciones. «No es casualidad que la mejor idea que he tenido en mi vida —quizá la mejor que tendré nunca— se me ocurriera en vacaciones —afirma—. En el momento en que mi cerebro tuvo un momento de descanso, *Hamilton* entró en él».[4]

Irse de vacaciones —e incluso planificarlas— también puede mejorar el estado de ánimo. En particular, muchas personas arrastran un importante déficit de sueño que suele venir acompañado de estrés y ansiedad relacionados con el trabajo. Las investigaciones demuestran que esta falta de sueño puede provocar estados de ánimo negativos, como tristeza, ira, frustración e irritabilidad, que a su vez pueden provocar más dificultades para dormir.[5] A largo plazo, la falta de sueño también puede aumentar el riesgo de demencia.[6] Las vacaciones ofrecen la oportunidad de reducir o eliminar por completo este déficit. Según la Asociación Americana de Psicología, dormir entre 60 y 90 minutos más por noche puede mejorar tanto la memoria como la concentración.[7] Las vacaciones también permiten restablecer patrones de sueño que pueden mejorar el estado de ánimo y la cognición más allá de los días de asueto. El Mind-Body Center, de la Universidad de Pittsburgh, puso de manifiesto que tomarse vacaciones aumenta las emociones positivas y reduce la depresión.[8] Y se ha demostrado que pasar tiempo en la naturaleza reduce los pensamientos invasivos y mejora el bienestar psicológico general.

Descansar y dormir mejor durante las vacaciones también ayuda a volver al trabajo con la capacidad de pensar con más claridad, así como a estar más concentrado y ser más productivo, lo que ha demostrado beneficios tanto para el individuo como para la empresa. Un estudio de Ernst & Young demostró que por cada diez horas adicionales de vacaciones que tomaban los empleados, su rendimiento a final de año mejoraba un 8 %[9]. Otro estudio demostró que tomarse todas las vacaciones aumenta las posibilidades de conseguir un ascenso o un aumento de sueldo.[10] Además, según el mismo estudio, los que tomaban vacaciones con más frecuencia tenían menos probabilidades de abandonar la empresa. Del mismo modo, en el experimento de otra empresa con las vacaciones se observó un claro aumento de la creatividad, la felicidad (estado de ánimo) y la productividad.[11] La empresa pudo desmontar la mentalidad de guerrero o mártir, según la cual los empleados podrían verse tentados a presumir de lo mucho que trabajaban al no tomarse vacaciones, ya que todos estaban obligados a tomárselas a intervalos determinados.

Cuerpo

Las presiones laborales cotidianas pueden provocar niveles elevados de cortisol y epinefrina —hormonas del estrés—, similares a los resultantes si sintieras que estás ante un peligro físico. Un aumento de estas hormonas tiene el efecto de suprimir el sistema inmunitario, de modo que el cuerpo puede canalizar toda su energía para huir de un tigre de dientes de sable inexistente o luchar contra él. Relajarse durante las vacaciones reduce el nivel de hormonas del estrés y permite que el sistema inmunitario se recupere, haciéndolo menos propenso a enfermar. Por el contrario, si las hormonas del estrés permanecen en niveles elevados durante largos períodos de tiempo debido a la falta de descanso y recuperación —por posponer o renunciar a las vacaciones—, no solo serás más susceptible a los resfriados o la gripe, sino que también serás vulnerable a largo plazo a enfermedades más graves como las cardiopatías o el cáncer.

En un estudio con 749 mujeres, los investigadores descubrieron que las que se iban de vacaciones menos de una vez cada seis años tenían ocho veces más probabilidades de desarrollar problemas cardíacos en comparación con las que lo hacían dos veces al año.[12] Tomarse unas vacaciones también puede reducir las probabilidades de morir de una enfermedad coronaria, ayuda a mantener unos niveles más bajos de azúcar en sangre y mejora los niveles de colesterol HDL, el considerado bueno.

Y, dependiendo de cómo se pasen las vacaciones, hay otros posibles beneficios físicos. Estar en la naturaleza reduce la frecuencia cardíaca y la tensión arterial. Practicar actividades físicas como el senderismo, el ciclismo, la natación u otros ejercicios acuáticos mejora la salud cardíaca y respiratoria, al tiempo que fortalece los huesos y los músculos, y mejora el equilibrio, lo cual es más importante a medida que se envejece. Recibir un masaje no solo es una forma estupenda de relajarse durante las vacaciones, sino que tiene beneficios físicos: la mejora de la circulación, la flexibilidad, la respuesta inmunitaria y la disminución de la rigidez muscular y la inflamación de las articulaciones.

Alma

Mientras que los beneficios mentales y físicos de las vacaciones se han promocionado con frecuencia, lo que se aborda menos es cómo las vacaciones pueden impactarnos a un nivel más profundo y espiritual. Nuestra alma es nuestra esencia espiritual, es lo que realmente somos en el fondo antes de que nuestras familias, amigos, trabajos y la sociedad nos inunden con mensajes sobre lo que deberíamos ser.

Cuando te tomas un tiempo fuera del trabajo para irte de vacaciones, suponiendo que puedas desconectar, el descanso te permite sintonizar con gran parte de este ruido externo y volver a sintonizar con tu verdadero yo. Puedes separar la parte más fuerte de ti, dejar ir tu ego y reencontrarte con la esencia de lo que realmente eres. Cuando la gente habla de su «lugar feliz», suele aludir a un lugar que les permite liberarse de las presiones diarias, volver a conectar con ellos mismos a nivel del alma y sentir una sensación de paz. Es ahí donde puedes expresar tus valores sin trabas —ya sea la aventura, el aprendizaje o la belleza— y hacer cosas que te aporten alegría.

Aunque suene cursi, las respuestas a las grandes preguntas de la vida —«¿Qué es lo que realmente quiero?» o «¿Qué es lo más importante para mí?»— tienen más probabilidades de llegar a nosotros cuando ofrecemos algo de espacio y quietud. Escuchamos mejor nuestra voz interior y perfeccionamos nuestra intuición. Ten en cuenta que este espacio de quietud puede resultar muy incómodo para las personas ansiosas y siempre ocupadas, aquellas que suelen tener dificultades para quedarse quietas y sin hacer nada. Sin embargo, es precisamente este espacio al que llegas durante las vacaciones el que te ofrece la oportunidad de explotar tu auténtico yo. Esto no significa que tengas que pasar tus próximas vacaciones en un retiro de silencio en un monasterio. Para mí, mi lugar feliz es París. Hablar un idioma bonito, rodearme de arte y sentarme en un café me hace sentir en paz y me pone de nuevo en contacto con lo que siento como mi verdadero yo. Para otros, puede ser sentarse en la playa a ver la puesta de sol o acampar en la naturaleza.

Cuando acudimos con nuestro auténtico yo al trabajo, es más probable que nos despojemos de las capas protectoras, lo que incluye no malgastar energía ni recursos en ocultar nuestras insuficiencias, para así poder reorientarlas hacia el trabajo que tenemos entre manos. También es más probable que nos centremos mejor en el trabajo que tiene más significado para nosotros, lo que puede dar lugar a más oportunidades de desarrollo profesional. Para algunos empleados, esto puede significar dejar el trabajo actual si se dan cuenta de que hay una desconexión de valores en su empresa o entre lo que son y lo que hacen. Y eso no es necesariamente malo para el empresario, pues un empleado poco o nada comprometido puede resultar más caro que uno que deja su puesto.

• • •

La conclusión es que los empleados se beneficiarán mental, física y espiritualmente de las vacaciones. Y los empresarios también. Es clave asegurarse de que el personal a tu cargo se toma tiempo libre con regularidad para crear un lugar de trabajo más adecuado, con empleados más sanos y felices.

Breve resumen

El hecho de que tus empleados se tomen tiempo libre con regularidad es clave para crear un mejor lugar de trabajo. Los estudios demuestran que el tiempo libre beneficia a los empleados de tres maneras:

- **Mentalmente.** Las vacaciones ofrecen más oportunidades para descansar y dormir mejor, lo que ayuda a despejar la mente y potenciar la creatividad.

- **Físicamente.** Relajarse durante las vacaciones reduce el nivel de las hormonas relacionadas con el estrés y permite que el sistema inmunitario se recupere, haciéndolo menos propenso a enfermar.

- **Espiritualmente.** Podemos responder a las grandes preguntas de la vida —«¿Qué es lo que realmente quiero?», «¿Qué es lo más importante para mí?»— con más probabilidad cuando disfrutamos de algo de espacio y quietud.

NOTAS

Introducción

1. Quinto estudio anual de Headspace sobre las actitudes de los trabajadores hacia la salud mental, *A Turn of the Tide: Employee Mental Health in 2023*, mayo de 2023, https://5327495.fs1.hubspotusercontent-na1.net/hubfs/5327495/work-forceattitudes-MAY42023.pdf.

Capítulo 1

1. Sarah Green Carmichael, «The Research Is Clear: Long Hours Backfire for People and for Companies», hbr.org, 19 de agosto de 2015.

2. Ioana Lupu, Mayra Ruiz-Castro y Bernard Leca, «Role Distancing and the Persistence of Long Work Hours in Professional Service Firms», *Organization Studies* 43, n.º 1 (2022): 7-33, https://doi.org/10.1177/0170840620934064.

3. Ann L. Cunliffe, «Reflexive Inquiry in Organizational Research: Questions and Possibilities», *Human Relations* 56, n.º 8 (2003): 983-1003, https://doi.org/10.1177/00187267030568004.

Capítulo 2

1. Martina Mascali, «Hustle Culture: How 'Every Day I'm Hustlin' Became a Mantra», Monster, s. f., https://www.monster.com/career-advice/article/what-is-hustle-culture.

2. Mikaela Birgitta von Bonsdorff *et al.*, «Working Hours and Sleep Duration in Midlife as Determinants of Health-Related Quality of Life Among Older Businessmen», *Age and Ageing* 46, n.º 1 (enero de 2017): 108-112, https://doi.org/10.1093/ageing/afw178.

3. Derek John Clements-Croome, ed., *Creating the Productive Workplace*, 1.ª ed. (Londres: E & FN Spon, 2000).

Capítulo 3

1. Erica Pandey, «The Pandemic-Era Small Business Boom», Axios, 15 de febrero de 2022, https://www.axios.com/2022/02/15/small-business-boom-covid-recession-pandemic; Natalie Schwarz, «The Surprising Effect of the Pandemic on Graduate Degree Enrollment», *Nelnet Campus Commerce* blog, s. f., https://campuscommerce.com/blog-effect-of-the-pandemic-on-graduate-degree-enrollment/.

Capítulo 4

1. Robert Klara, «Sleep Deprivation Is Quietly Draining Revenue from Brands in the Covid-19 Era», *Adweek*, 22 de abril de 2020, https://www.adweek.com/brand-marketing/sleep-deprivation-draining-revenues-covid-19/.

2. Hailey Meaklim *et al.*, «Pre-Existing and Post-Pandemic Insomnia Symptoms Are Associated with High Levels of Stress, Anxiety, and Depression Globally During the Covid-19 Pandemic», *Journal of Clinical Sleep Medicine* 17, n.º 10 (2021): 2085-2097, https://jcsm.aasm.org/doi/full/10.5664/jcsm.9354.

3. Zafir Mohd Makhbul y Zainab Rawshdeh, «Mental Stress Post-Covid-19», *International Journal of Public Health Science* 10 (2021): 194-201, https://www.researchgate.net/publication/348507556_Mental_stress_post-covid-19.

Capítulo 5

1. Tecnología emergente de la página de archivos arXiv, «Your Brain Limits You to Just Five BFFs», *MIT Technology Review*, 29 de abril de 2016, https://www.technologyreview.com/2016/04/29/160438/your-brain-limits-you-to-just-five-bffs/.

Capítulo 6

1. Aflac, *Workplace Benefits Trends, Employee Well-Being and Mental Health*, Aflac WorkForces Report 2022-2023, https://www.aflac.com/docs/awr/pdf/2022-trends-and-topics/2022-aflac-awr-employee-well-being-and-mental-health.pdf.

2. Jim Harter, «U.S. Employee Engagement Needs a Rebound in 2023», Gallup, 25 de enero de 2023, https://www.gallup.com/workplace/468233/employee-engagement-needs-rebound-2023.aspx.

3. Zhanna Lyubykh *et al.*, «Role of Work Breaks in Well-Being and Performance: A Systematic Review and Future Research Agenda», *Journal of Occupational Health Psychology* 27, n.º 5 (2022): 470-487, https://doi.org/10.1037/ocp0000337.

4. Hongjai Rhee y Sudong Kim, «Effects of Breaks on Regaining Vitality at Work: An Empirical Comparison of 'Conventional' and 'Smart Phone' Breaks», *Computers in Human Behavior* 57 (2016): 160-167, https://www.sciencedirect.com/science/article/abs/pii/S0747563215302703.

5. Kristýna Machová, «Canine-Assisted Therapy Improves Well-Being in Nurses», en «The Psycho-Social Impact of Human-Animal Interactions», número especial, *International Journal of Environmental Research and Public Health* 16, n.º 19 (2019): 3670, https://www.mdpi.com/16604601/16/19/3670.

6. M. Wells y R. Perrine, «Critters in the Cube Farm: Perceived Psychological and Organizational Effects of Pets in the Workplace» *Journal of Occupational Health Psychology* 6, n.º 1 (2001): 81-87, https://doi.org/10.1037/10768998.6.1.81.

7. Tim Allen, «I'm a CEO and a Working Dad. Here's What I Wish I Did Differently», hbr.org, 8 de diciembre de 2020, https://hbr.org/2020/12/im-a-ceo-and-a-working-dad-heres-what-i-wish-i-did-differently.

8. «Pandemic Pet Boom Has Increased the Demand for Pet-Friendly Workplaces», The Conversation, 2 de marzo de 2023, https://theconversation.com/pandemic-pet-boom-has-increased-the-demand-for-pet-friendly-workplaces-200217.

Capítulo 7

1. «Research», sitio web de Impact Players, The Wiseman Group, s. f., https://impactplayersbook.com/wp-content/uploads/2021/10/impact-players-research-process.pdf.

2. «Workplace Stress», American Institute of Stress, https://www.stress.org/workplace-stress.

3. CPP Global Human Capital Report, *Workplace Conflict and How Businesses Can Harness It to Thrive*, CPP, julio de 2008, https://img.en25.com/Web/CPP/Conflict_report.pdf.

4. The Wiseman Group, «The Rookie Smarts Research», https://thewiseman-group.com/books/rookie-smarts/research/.

Capítulo 8

1. «The Anatomy of Work Global Index», https://asana.com/resources/anatomy-of-work.

2. Organización Mundial de la Salud, «Burn-Out an 'Occupational Phenomenon': International Classification of Diseases», WHO Departmental News, 28 de mayo de 2019, https://www.who.int/news/item/28-05-2019-burn-out-an-occupational-phenomenon-international-classification-of-diseases.

Capítulo 9

1. Gallup, *State of the Global Workplace: 2023 Report*, Gallup, https://www.gallup.com/workplace/349484/state-of-the-global-workplace-2022-report.aspx#ite-393248.

2. «Stress and the Role of Perception», Stress Management for Health Course, s. f., https://stresscourse.tripod.com/id100.html.

3. Benjamin Kaveladze y Alan R. Teo, «New Study Explores How Social Relationships Protect Against the Harmful Effects of Stress», blog *On the Brain*, 26 de enero de 2021, https://blogs.ohsu.edu/brain/2021/01/26/new-study-explores-how-social-relationships-protect-against-the-harmful-effects-of-stress/.

Capítulo 10

1. Jesús Montero-Marín y Javier García-Campayo, «A Newer and Broader Definition of Burnout: Validation of the 'Burnout Clinical Subtype Questionnaire (BCSQ-36)», *BMC Public Health* 10, n.º 302 (2010), https://doi.org/10.1186/1471 2458-10-302.

2. Montero-Marín y García-Campayo, «A Newer and Broader Definition of Burnout».

Capítulo 12

1. Rebecca Alexander *et al.*, «The Neuroscience of Positive Emotions and Affect: Implications for Cultivating Happiness and Wellbeing», *Neuroscience & Biobehavioral Reviews* 121 (2021): 220-249, https://doi.org/10.1016/j.neubiorev.2020.12.002.

2. Amantha Imber, «Dan Heath on Curing Himself from Procrastination, Solving Problems Before They Happen, and the Ideal Time to Seek Feedback», 4 de marzo de 2020, en *How I Work*, podcast, 54 min., https://www.amantha.com/podcasts/dan-health-on-curing-himself-from-procrastination-solving-problems-before-they-happen-and-the-ideal-time-to-seek-feedback/.

Capítulo 14

1. Linda Babcock, Maria P. Recalde, Lise Vesterlund y Laurie Weingart, «Gender Differences in Accepting and Receiving Requests for Tasks with Low Promotability», *American Economic Review* 107, n.º 3 (marzo de 2017): 714-747, https://pubs.aeaweb.org/doi/pdfplus/10.1257/aer.20141734.

2. Babcock *et al.*, «Gender Differences in Accepting and Receiving Requests».

Capítulo 15

1. Branka Vuleta, «Generation Z Statistics», blog *99 Firms*, s. f., https://99firms. com/blog/generation-z-statistics/#gref.

2. Amantha Imber, «Ultralearner Scott Young on How to Dramatically Improve the Way You Learn», 27 de noviembre de 2019, en *How I Work*, podcast, 51 min., https://www.amantha.com/podcasts/ultralearner-scott-young-on-how-to-dramatically-improve-the-way-you-learn/.

3. dscout, *Mobile Touches: dscout's Inaugural Study of Humans and Their Tech*, dscout, 15 de junio de 2016, https://pages.dscout.com/hubfs/downloads/ dscout_mobile_touches_study_2016.pdf?_ga=2.180416224.67221035. 1650551540-199217915.1650551540.

Capítulo 16

1. Columbia University Mailman School of Public Health, «COVID-19 Pandemic Impacts Mental Health Worldwide», News, 18 de marzo de 2021, https://www.publichealth.columbia.edu/public-health-now/news/ covid-19-pandemic-impacts-mental-health-worldwide.

2. Deloitte Global Talent, «Millennials, Gen Z and Mental Health, Managing Mental Health in the Workplace», Deloitte, junio de 2020, https://www.deloitte. com/content/dam/assets-shared/legacy/docs/about/2022/gx-millennial-survey-mental-health-whitepaper.pdf.

3. Ipsos, «Mental Health in the Workplace: Global Impact Study», Ipsos News and Events, 9 de octubre de 2019, https://www.ipsos.com/en/mental-health-workplace-global-impact-study.

4. Anup Jayaram, «92 % of Indian Employees Prefer Discussing Mental Health Issues with Robots Than Managers», *Business Today*, 11 de octubre de 2020, https://www.businesstoday.in/latest/corporate/story/92-percent-of-indian-em-ployees-prefer-discussing-mental-health-issues-with-robots-than-mana-gers-275394-2020-10-11.

5. Massachusetts Department of Mental Health, «Why Is It Important to Talk About Mental Health?», Massachusetts Office of Health and Human Services, s. f., https://www.mass.gov/info-details/why-is-it-important-to-talk-about-mental-health.

Capítulo 17

1. Michael T. Ford, Christopher P. Cerasoli, Jennifer A. Higgins y Andrew L. Decesare, «Relationships Between Psychological, Physical, and Behavioural Health and Work Performance: A Review and Meta-Analysis», *Work & Stress* 25, n.º 33 (2011): 185-204, DOI: 10.1080/02678373.2011.609035.

2. Stewart D. Friedman y Alyssa Westring, «Empowering Individuals to Integrate Work and Life: Insights for Management Development», *Journal of Management Development* 34, n.º 3 (13 de abril de 2015), https://www.emerald.com/insight/content/doi/10.1108/JMD-11-2012-0144/full/html.

Capítulo 19

1. Organización Mundial de la Salud, «Physical Activity», WHO Fact Sheet, s. f., https://www.who.int/news-room/fact-sheets/detail/physical-activity.

2. Yolanda Na Li, Bonnie Hayden Cheng, Bingjie Yu y Julie N. Y. Zhu, «Let's Get Physical! A Time-Lagged Examination of the Motivation for Daily Physical Activity and Implications for Next-Day Performance and Health», *Personnel Psychology* (17 de marzo de 2023), https://doi.org/10.1111/peps.12585.

Capítulo 20

1. «Time Off and Vacation Usage», US Travel Association, https://www.ustravel.org/toolkit/time-and-vacation-usage.

2. Dawn Klinghoffer y Katie Kirkpatrick-Husk, «More than 50 % of Managers Feel Burned Out», hbr.org, 18 de mayo de 2023, https://hbr.org/2023/05/more-than-50-of-managers-feel-burned-out.

3. May Wong, «Stanford Study Finds Walking Improves Creativity», News, sitio web de la Universidad de Stanford, 24 de abril de 2014, https://news.stanford.edu/2014/04/24/walking-vs-sitting-042414/.

4. Anna Almendrala, «Lin-Manuel Miranda: It's 'No Accident' Hamilton Came to Me on Vacation», *HuffPost*, 23 de junio de 2016, https://www.huffpost.com/entry/lin-manuel-miranda-says-its-no-accident-hamilton-inspiration-struck-on-vacation_n_576c136ee4b0b489bb0ca7c2.

5. Department of Health, «Mood and Sleep», State Government of Victoria, Australia, sitio web, https://www.betterhealth.vic.gov.au/health/healthyliving/Mood-and-sleep#sleep-and-moods.

6. Erin Bryant, National Institutes of Health, «Lack of Sleep in Middle Age May Increase Dementia Risk», NIH Research Matters, 27 de abril de 2021, https://www.nih.gov/news-events/nih-research-matters/lack-sleep-middle-age-may-increase-dementia-risk.

7. «More Sleep Would Make Us Happier, Healthier and Safer», American Psychological Association, 2014, https://www.apa.org/topics/sleep/deprivation-consequences.

8. «Road Trip! Health Net Points Out the Health Benefits of Vacations», Healthnet, https://www.healthnet.com/portal/home/content/iwc/home/articles/health_benefits_of_vacations.action.

9. «Road Trip! Health Net Points Out the Health Benefits of Vacations», Health Net, s. f., https://www.healthnet.com/portal/home/content/iwc/home/articles/health_benefits_of_vacations.action.

10. Shawn Achor, «Are the People Who Take Vacations the Ones Who Get Promoted?», hbr.org, 12 de junio de 2015, https://hbr.org/2015/06/are-the-people-who-take-vacations-the-ones-who-get-promoted.

11. Neil Pasricha y Shashank Nigam, «What One Company Learned from Forcing Employees to Use Their Vacation Time», hbr.org, 11 de agosto de 2017, https://hbr.org/2017/08/what-one-company-learned-from-forcing-employees-to-use-their-vacation-time.

12. Hilary Brueck, «What Taking a Vacation Does to Your Body and Brain», *Insider*, 1 de septiembre de 2018, https://www.businessinsider.com/vacation-health-benefits-2018-8#researchers-who-followed-a-group-of-749-women-from-massachusetts-for-two-decades-found-that-those-who-went-on-vacation-less-than-once-every-six-years-were-nearly-eight-times-more-likely-to-develop-heart-problems-than-women-who-vacationed-twice-a-year-9.

LOS COLABORADORES

MORRA AARONS-MELE es autora de *The Anxious Achiever: Turn Your Biggest Fears into Your Leadership Superpower* (Harvard Business Review Press, 2023). Ha escrito para el *New York Times*, el *Wall Street Journal*, la revista *O* y otras publicaciones, y es la presentadora del pódcast *Anxious Achiever*, de LinkedIn Presents.

LINDA BABCOCK es profesora de Economía en la Universidad Carnegie Mellon. Es autora de *Women Don't Ask* y *Ask for It*. Especialista en economía del comportamiento, es fundadora y directora de la iniciativa PROGRESS, que persigue un cambio social para las mujeres y las niñas a través de la educación, el asociacionismo y la investigación.

BONNIE HAYDEN CHENG es profesora asociada de Gestión y directora del programa de MBA de la Escuela de Negocios HKU de la Universidad de Hong Kong. Es la directora de resiliencia de Human at Work, asesora científica de OneMind at Work y experta en la materia de la Academy of Management. Trabaja con altos ejecutivos de empresas de muy diverso tamaño, desde *startups* hasta algunas de la lista *Fortune* 500, y transforma la cultura corporativa mediante la incorporación del bienestar a la estrategia empresarial.

IAN DALEY es un experto en desarrollo del liderazgo con más de quince años de experiencia en gestión en el sector sanitario, en empresas como Novartis, Novo Nordisk y GlaxoSmithKline. Es el fundador de Daley & Co, una empresa de consultoría y formación en liderazgo, y el creador del pódcast *New Leader*, centrado en el desarrollo de nuevos directivos y aspirantes a líderes. Puedes seguirlo en LinkedIn, donde comparte sus conocimientos y experiencia con más de 24.000 seguidores.

RUSSELL GLASS es el consejero delegado de Headspace y lidera la misión de la empresa de transformar la atención a la salud mental para mejorar la salud y la felicidad del mundo. Como emprendedor empedernido, Russ ha ocupado múltiples puestos de CEO, el más reciente en Ginger, antes de su fusión con Headspace en 2021, lo que dio lugar a la creación de una plataforma de salud mental integral. Anteriormente dirigió productos para el grupo de soluciones de *marketing* en LinkedIn y es el fundador, ex-CEO y presidente de Bizo, una plataforma de datos y *marketing* B2B, que vendió a LinkedIn en 2014. Durante sus años en Bizo, Russ fue coautor de *The Big Data-Driven Business*, una guía sobre cómo las empresas pueden utilizar los macrodatos para mejorar la toma de decisiones y los resultados. También es autor del libro infantil *Voting with a Porpoise* y forma parte de la junta de la organización sin ánimo de lucro Rock the Vote, donde aprovecha su experiencia en tecnología, ciencia de datos y creación de marcas para aumentar el compromiso y la participación entre los votantes jóvenes. Russ es licenciado en Ingeniería Mecánica y Economía por la Universidad de Duke.

DUYGU BIRICIK GULSEREN es profesora adjunta en la Escuela de Gestión de Recursos Humanos de la Universidad de York, Toronto (Canadá), y presidenta de la Society for Industrial and Organizational Psychology de Canadá. Sus investigaciones se centran en el trabajo saludable y el liderazgo.

AMANTHA IMBER es psicóloga organizativa, autora del *bestseller* internacional *Time Wise*, fundadora de la consultora de cambio de comportamiento Inventium y presentadora de *How I Work*, un pódcast sobre los hábitos y rituales de las personas con más éxito del mundo.

BRENDAN P. KEEGAN es director, CEO y presidente de Merchants Fleet, y ha sido nombrado recientemente el CEO más innovador del mundo por los CEO World Awards. Keegan también es ganador de la medalla de plata al ejecutivo del año por los Premios Best in Biz y ganador de la medalla de bronce de los Premios Stevie (American Business Awards).

JANNA KORETZ es psicóloga y fundadora de Azimuth, que ofrece terapia centrada en los retos específicos de las personas sometidas a alta presión en su carrera laboral.

YOLANDA NA LI es profesora adjunta del Departamento de Gestión de la Universidad Lingnan de Hong Kong. Sus investigaciones se centran en comprender cómo diversas actividades no laborales afectan a los resultados laborales, por qué determinadas personas desarrollan comportamientos poco éticos en el trabajo y sus consecuencias, y el papel de las emociones en el lugar de trabajo.

IOANA LUPU es profesora asociada en la ESSEC Business School de Francia. Está interesada en el exceso de trabajo, la salud mental y la medición del rendimiento en entornos sometidos a mucha presión, como los de auditoría, consultoría y bufetes de abogados. Síguela en LinkedIn y en www.ioanalupu.com.

ZHANNA LYUBYKH es profesora adjunta de Estudios de Gestión y Organización en la Escuela de Negocios Beedie de la Universidad Simon Fraser de Vancouver (Canadá). Sus investigaciones se centran en el bienestar de los empleados, el maltrato laboral y el liderazgo.

DONNA MCGEORGE es autora de *bestsellers* y una autoridad mundial en productividad. Su serie de libros, It's About Time, trata sobre reuniones, cómo estructurar el día en el trabajo y cómo hacer más con menos.

BRENDA PEYSER ha ocupado puestos directivos en el mundo empresarial y académico durante más de treinta años. Más recientemente, ha sido profesora de Comunicación en Carnegie Mellon, donde también fue decana asociada de la Escuela de Política Pública y Gestión, y directora ejecutiva fundadora de la Carnegie Mellon University Australia.

MAYRA RUIZ-CASTRO es profesora asociada en la Universidad Queen Mary de Londres (Reino Unido). Su investigación se centra en la igualdad en las organizaciones y el ámbito familiar. Puedes seguirla en LinkedIn.

JOE SANOK es el presentador del popular pódcast *The Practice of the Practice*, reconocido como uno de los cincuenta mejores pódcast del mundo, con más de cien mil descargas al mes. En los más de novecientos episodios que ha emitido en los últimos diez años ha entrevistado a autores de *bestsellers* y reconocidos expertos, así como a líderes empresariales e innovadores. Joe también es autor de *Thursday Is the New Friday*, un libro para las empresas que quieren implantar la semana laboral de cuatro días.

ELIZABETH GRACE SAUNDERS es *coach* de gestión del tiempo, fundadora de Real Life E Time Coaching & Speaking, y autora de *How to Invest Your Time like Money* y *Encuentra tu tiempo divino.*

VASUNDHARA SAWHNEY es redactora jefe de *Harvard Business Review.*

CARSON TATE es la fundadora y socia directora de Working Simply, una empresa de consultoría empresarial que colabora con organizaciones, líderes empresariales y empleados para mejorar la productividad en el lugar de trabajo, fomentar el compromiso de los empleados y construir legados personales y profesionales. Es autora de *Own It. Love It. Make It Work: How to Make Any Job Your Dream Job.*

LISE VESTERLUND es profesora de Economía en la Universidad de Pittsburgh, y dirige el Experimental Economics Laboratory de la misma ciudad y la Behavioral Economic Design Initiative. Sus investigaciones, que se han publicado en las principales revistas especializadas en economía, han recibido cobertura en la radio nacional estadounidense (NPR), *New York Times, Washington Post,* el canal ABC, *The Economist, The Atlantic, The Guardian, Chicago Tribune* y *Forbes.*

LAURIE R. WEINGART es profesora de Gestión en la Universidad Carnegie Mellon. Ha sido rectora interina y directora académica de la institución, y decana asociada y directora del Accelerate Leadership Center. De sus investigaciones, que han recibido diversos galardones, se han hecho eco el *New York Times* y el *Business Insider,* y se han publicado en las principales revistas de gestión y psicología.

ALYSSA F. WESTRING es catedrática Vincent de Paul y directora del Departamento de Gestión y Espíritu Empresarial del Driehaus College of Business de la Universidad DePaul. Es coautora de *Parents Who Lead: The Leadership Approach You Need to Parent with Purpose, Fuel Your Career, and Create a Richer Life*.

MELODY WILDING es *coach* ejecutiva y autora de *Trust Yourself: Stop Overthinking and Channel Your Emotions for Success at Work*.

LIZ WISEMAN es autora de *Impact Players, Rookie Smarts* y *Multiplicadores*, y CEO del Wiseman Group. Puedes contactar con ella en X (antiguo Twitter): @LizWiseman.

REBECCA ZUCKER es *coach* ejecutiva y socia fundadora de Next Step Partners, una empresa de desarrollo del liderazgo. Entre sus clientes figuran Amazon, Clorox, Morrison Foerster, Norwest Venture Partners, la James Irvine Foundation y empresas tecnológicas de alto crecimiento, como DocuSign y Dropbox. Puedes seguirla en X (antiguo Twitter): @rszucker.